〈본문에 없는 인물〉에는 교과서에 나오는
인물 가운데 초등학생이 꼭 알아야 할,
역사에 커다란 영향을 끼친 우리나라와
세계의 위인들을 가려내어 실었습니다.
평범한 사람들의 삶 하나하나가 모여서 역사를
만들어 왔다는 사실을 잊지 말고,
여러분도 멋진 꿈을 이루기 위해 꾸준히 노력하고
줄기차게 도전하기를 바랍니다.
자, 이제부터 인물 탐구를 시작해 볼까요?

교과서 큰 인물 이야기 80 **본문에 없는 인물 ❸**

펴낸날 2014년 1월 10일 발행 | **펴낸이** 박연환 | **펴낸곳** (주)한국헤르만헤세 | **출판등록** 제17-354호 | **본사** 경기도 성남시 분당구 금곡동 444-148 한국헤르만헤세 빌딩 | **대표전화** (031)715-7722 | **팩스** (031)786-1001 | **고객문의** 080-715-7722 | **편집 책임** 김원선 | **디자인** 장선희, 김영주, 전선아 | **교정** 양은하, 이효선 | **교정 진행** 김진형, 정현희, 김승현, 허영란 | **이미지 제공** 연합포토, 엔싸이버 포토 렌탈, 이미지클릭, 국립중앙박물관 | ©2007 Korea Hermannhesse | 이 책의 저작권은 (주)한국헤르만헤세가 소유하고 있으므로 본사의 동의나 허락 없이 내용이나 그림을 어떠한 방법으로도 사용할 수 없습니다.

주의 본 교재를 던지거나 떨어뜨리지 않도록 주의하십시오. 다칠 우려가 있습니다. 고온 다습한 장소나 직사광선이 닿는 장소에는 보관을 피해 주십시오.

본문에 없는 인물 3

글 편집부 | 감수 김완기 · 이창수 외

한국헤르만헤세

중학 과학 3
8. 유전과 진화
① 멘델의 유전 법칙

오스트리아의 하인첸도르프에서 가난한 과수원집 아들로 태어났다. 17세에 아버지가 일하다가 크게 다치는 바람에 22세에야 고등학교를 마칠 수 있었다. 졸업 후 경제적 어려움에도 공부를 계속하기 위해 브륀(지금 체코의 브르노)에 있는 성 토마스 수도원에 들어가 25세에 신부가 된 후 고등학교 교사 생활도 했다.

1851년 빈 대학에서 물리학, 화학, 생물학·수학 등을 배우고 브륀 국립 종합 학교의 교사가 되었다. 이 당시 〈종의 기원〉을 읽으면서 유전학에 관심을 가졌고, 1856년부터 수도원 뜰에 심은 완두콩을 재료로 유전 실험을 하여 1865년 '멘델의 법칙'을 발표했다.

멘델의 법칙은 우열의 법칙, 분리의 법칙, 독립의 법칙 등 3가지 법칙으로 되어 있다. '우열의 법칙'은 잡종 제1대에는 우성 형질만 나타나고 열성 형질은 가려져 버린다는 것이고, '분리의 법칙'은 잡종 제2대에는 우성과 열성 형질이 일정한 비율로 분리되어 나타난다는 것이다. 그리고 '독립의 법칙'이란 각 대립 형질은 독립해서 우열의 법칙과 분리의 법칙에 따라 유전한다는 것이다.

멘델의 법칙은 그가 죽은 지 16년이 지나서야 세상에 널리 알려졌다.

저서에 〈식물의 잡종에 관한 실험〉 등이 있다.

▲ 멘델(위)과 완두콩을 재배했던 정원의 모습

중학 음악 2
9. 가을의 노래
바이올린 협주곡 마단조

중학 음악 3
서양 음악의 역사

함부르크에서 유대 인 은행가의 아들로 태어나 행복한 어린 시절을 보냈다. 2세부터 음악 공부를 시작하여 10세에 가곡과 합주곡을 작곡했다. 대문호 괴테 앞에서 연주를 하고 칭찬을 받은 적도 있었다. 17세에는 서곡 〈한여름 밤의 꿈〉을 작곡했다. 이 곡은 모두 13곡으로 되어 있는데, 그 중 〈결혼 행진곡〉은 바그너의 오페라 〈로엔그린〉 중 〈혼례 합창곡〉과 함께 결혼식에게 가장 많이 연주되는 곡이다. 보통 신부가 입장할 때 바그너의 곡을 연주하고, 신랑 신부가 퇴장할 때 멘델스존의 곡을 연주한다.

1829년에는 바흐의 〈마태 수난곡〉의 연주를 통해 바흐의 위대함을 다시금 상기시켰고, 그 후 유럽을 여행하며 쇼팽 등과 사귀며 많은 것을 배우고, 1843년 슈만과 함께 음악 학교도 세웠다. 주요 작품에 〈핑갈의 동굴〉, 〈이탈리아 교향곡〉, 〈스코틀랜드 교향곡〉 등이 있다.

▲ 펠릭스 멘델스존과 파니 멘델스존 남매

▲ 르누아르가 그린 〈모네의 초상화〉

교과서 살펴보기

미술 3
3. 여러 가지 색

파리에서 태어나 5세 때 르아브르 근처에 있는 바닷가 마을 생트아드레스로 이사했다. 아버지는 이 곳에서 선박용품과 식료품 등의 잡화를 파는 가게를 운영했다. 어린 모네는 바닷가에서 많은 시간을 보내면서 바다와 변화무쌍한 노르망디의 날씨를 지켜보았고, 이 같은 경험이 자연에 대한 통찰력을 제공했다.

15세 때 이미 풍자 만화를 그려 팔아서 화가로서 재능을 인정받았다. 소년 시절 화가 부댕을 만나 초보적인 화법을 배웠으며, 19세에 파리로 가서 피사로 등과 사귀며 그림 공부를 했다. 그 뒤 2년간 병역을 치른 다음 다시 파리로 돌아와 르누아르, 시슬레, 바질 등과 사귀며 공부했다.

처음에는 쿠르베와 마네의 영향을 받아 주로 인물화를 그렸으나, 점차 풍경화를 즐겨 그렸다. 1870년 프로이센-프랑스 전쟁이 일어나자 런던으로 갔다가 2년 뒤 귀국했다. 귀국한 뒤에는 파리 근교에 살면서 센 강변의 밝은 풍경을 그려 인상파 양식을 개척했다.

1874년 파리에서 '화가 · 조각가 · 판화가 · 무명 예술가 협회전'을 열고, 여기에 〈인상 · 일출〉 등의 작품을 출품했는데, 이 때부터 모네를 중심으로 하는 화가 집단에 '인상파'란 이름이 붙게 되었다. 모네는 색조의 분할이나 원색의 병치(두 가지 이상의 것을 한 곳에 나란히 두는 것)를 시도하여 인상파 기법의 전형을 개척한 화가로 평가 받고 있으며, 주요 작품에 〈수련〉, 〈소풍〉, 〈루앙 대성당〉, 〈강〉 등이 있다.

▲ 〈일몰의 건초 더미〉

▲ 〈눈 오는 날의 건초 더미〉

▲ 〈맑은 날 아침의 건초 더미〉

▲ 〈해돋이 인상〉

▲ 〈수련〉

모파상은 노르망디의 미로메닐에서 부유한 귀족의 아들로 태어났다. 부모의 별거로 인해 어머니에게서 자라난 그는 어린 시절의 대부분을 어머니의 별장에서 보냈는데, 문학적 감수성 또한 어머니로부터 많은 영향을 받았다. 파리에서 법률 공부를 하던 중 1870년 프로이센과 프랑스 사이에 전쟁이 일어나자 유격대원으로 참가했는데 그는 여기서 전쟁의 비인간성을 확인하고 문학으로 전쟁을 중단시키리라 결심하게 되었다.

〈보바리 부인〉을 쓴 소설가 플로베르로부터 문학 수업을 받으며 1880년에 단편〈비곗덩어리〉를 발표했고, 1883년에는 톨스토이도 칭찬한 사실주의적 장편 소설인 〈여자의 일생〉으로 이름을 높였다.

신경증으로 자살을 시도하기도 한 그는 43세에 세상을 떠났다. 10년 동안 300편의 단편소설을 써서 프랑스의 대표적인 단편 작가로도 불린다.

▲ 모파상이 태어난 미로메닐 성과 그의 흉상

교과서 살펴보기

중학 국어 2-1
1. 감상하며 읽기
① 문학 작품의 감상

중학 국어 3-1
3. 독서와 사회
① 독서와 사회 · 문화의 만남

이탈리아 키아라발레에서 태어났다. 로마 대학 의학부를 여성으로는 처음으로 졸업했다. 로마 대학 병원 정신과 부의사로 일하며 정신 지체아 교육 문제에 관심을 갖게 되었다. 1898년부터 2년 동안 로마 국립 특수 교육 학교에서 일하고 로마 대학에 재입학하여 7년간 실험 심리학과 교육학을 공부했다.

몬테소리는 교사들의 권위적인 교육을 강력히 부정한 아이들 개개인의 특성을 존중하는 교육을 강조했다. 그에 맞는 효율적인 교육을 위해 작업실, 담화실, 식당, 목욕탕, 정원을 갖추고 곳곳마다 아이들이 스스로 사용할 수 있는 교구들을 비치하게 했다.

이 같은 환경에서 아이들이 주인이 되어 자유롭게 행동함으로써 정신 발달의 기초가 되는 감각 기관과 집중력, 지능까지 발달시킬 수 있다는 것이다.

이러한 교육법을 자신의 이름을 따 '몬테소리 교육법' 이라 했다. 1907년 몬테소리는 3~6세의 노동자 자녀들을 위한 학교 '어린이의 집' 을 열고 이 교육법을 실시했다. 교육은 큰 성과를 거두어 다른 곳에도 몬테소리 학교들이 잇달아 세워졌다.

이후 몬테소리는 여행하면서 강의와 저술 활동을 하는 한편 교사 훈련 프로그램 연구에 전념했다. 저서에 〈몬테소리 방식〉, 〈아동기의 비밀〉, 〈새로운 세계를 위한 교육〉 등이 있다.

교과서 살펴보기

중학 사회 2
4. 개인과 사회의 발전
① 인간의 사회적 성장

파리에서 태어났으며 본명은 장 밥티스트 포클랭이다. 어릴 때부터 연극을 좋아하여 대학에서 법률을 공부하면서도 연극을 가까이했다.

졸업 후 1644년에 첫 공연을 했으나 실패했다. 이후 13년 동안 프랑스 남부 곳곳을 돌아다니며 공연했다.

1653년 이탈리아 연극을 각색한 두 편의 작품이 인기를 얻기도 했고, 1658년에는 루이 14세 앞에서 한 공연으로 왕실 극장의 사용을 허락 받아 〈스가나렐르〉, 〈남편 학교〉로 명성을 높였다.

1665년 〈동 쥐앙〉으로 국왕 전속 극단장이 된 그는 왕성하게 작품을 무대에 올리다가 1673년 극장에서 쓰러져 사망했다.

코르네유, 라신과 함께 프랑스 고전극을 대표하는 인물이며, 주요 작품으로 〈인간 혐오자〉, 〈수전노〉, 〈타르튀프〉 등이 있다.

교과서 살펴보기

중학 국어 2-1
1. 감상하며 읽기
① 문학 작품의 감상

중학 국어 3-1
3. 독서와 사회
① 독서와 사회 · 문화의 만남

▲ 왕립 아카데미를 창립하는 루이 14세

서머싯 몸은 아버지가 파리 주재 영국 대사관의 고문 변호사로 있을 당시 파리에서 태어났다. 8세에 어머니가, 10세에 아버지마저 세상을 뜨자 숙부 밑에서 자랐다.

독일의 하이델베르크 대학과 런던 의학교에서 의학을 공부하고 의사 자격증을 땄으나 1897년 첫 소설 〈램버스의 라이자〉를 발표하여 작가로서의 명성을 얻자 의사직을 그만두었다.

1915년 작품인 〈인간의 굴레〉는 그의 자서전적인 대작으로 한 인간의 정서적 발전 과정을 담아 큰 반향을 불러일으켰다.

장편 〈달과 6펜스〉, 〈과자와 맥주〉, 〈면도날〉 등과, 단편 〈나뭇잎의 하늘거림〉, 희곡 〈순환〉, 〈높은 사람들〉 등이 대표적인 작품이다. 1938년의 자서전적 회상록 〈서밍업〉은 작가 지망생들에게 필독서가 되었다.

그의 대중적인 감각과 문체는 자신에 대한 집요한 관찰과 영국의 전통에 대한 존중의 결과로 평가되고 있다.

교과서 살펴보기

중학 국어 2-1
1. 감상하며 읽기
① 문학 작품의 감상

중학 국어 3-1
3. 독서와 사회
① 독서와 사회 · 문화의 만남

▲ 젊은 시절의 서머싯 몸

몽테뉴 (Montaigne, Michel Eyquem de : 1533~1592) 프랑스 르네상스 시기를 대표하는 철학자

프랑스 남부 페리고르 지방의 몽테뉴 성에서 태어났다. 그의 집안은 대대로 보르도에서 살았던 부유한 상인 가문으로, 증조부 때 몽테뉴 성과 그 영지를 사들여 귀족이 되었다.

아버지 피에르는 프랑수아 1세의 이탈리아 원정에 종군한 군인으로, 문예 애호가이기도 하며, 만년에 보르도 시장에 선출되었다. 어머니의 가계는 포르투갈계 유대 인의 피를 받았다고 한다.

몽테뉴는 어린 시절에 아버지로부터 성주의 자질을 갖추도록 엄격한 교육을 받았다. 1557년 그는 보르도 고등 법원 참사관이 되었고, 1568년 몽테뉴 성주가 되었으며, 1571년 법관에서 은퇴하여 1580년부터 1588년까지 〈수상록〉 1, 2, 3권을 펴냈다.

이후 조용한 저술 활동을 계속하다가 앙리4세로부터 궁정 일을 부탁 받았으나 사양했다. 〈수상록〉으로 프랑스 철학의 도덕적 전통을 확립했고, 17세기 이후의 문학에도 큰 기여를 했다. 그는 자연의 순리에 순응하는 데서 인생의 지혜를 발견했다.

▲ 몽테뉴가 사색을 하며 거닐던 숲

몽테스키외 (Montesquieu, Charles-Louis de Secondat : 1689~1755) 프랑스의 계몽주의 사상가

프랑스 보르도의 부유한 집안에서 태어났다. 1705년 보르도 대학에서 법률을 공부하고, 3년 뒤 변호사가 되었다.

1714년 보르도 고등 법원에 들어가 10여 년간 일했다. 1715년 결혼하여 사회적·경제적으로 안정적인 생활을 하며 지학·생물학·물리학 등의 공부했다.

1721년 서간체 소설 〈페르시아 인의 편지〉를 익명으로 출간했다. 이 책은 페르시아 여행자의 눈을 통해 프랑스 문명을 날카롭게 풍자한 내용인데, 당시 파리에서 움트고 있던 여러 새로운 사상까지 재기발랄하게 표현했다. 이 책의 저자는 곧 밝혀져 몽테스키외는 사회적으로 유명 인사가 되었다.

그는 아카데미 회원으로 뽑혀 유럽을 여행하며 각 나라의 정치·경제를 자세히 관찰하고 기록했다. 이를 바탕으로 〈로마 인의 위대함과 그 쇠락의 원인에 관한 고찰〉과, 법이 각 나라의 풍습·기후·상업 등과 맺는 관계에 대해 1086쪽 31권에 묶어 놓은 〈법의 정신〉을 펴냈다. 이 책에서 그는 국가 권력이 사법·입법·행정의 3권으로 나뉘어 서로 규제하고 견제해야 개인의 자유가 보장된다고 주장했다.

이러한 3권 분립 이론은 왕정(왕이 다스리는 정치)을 복고하고 미국이 독립하는 데 영향을 주었다. 또 19세기 자유주의가 성립하는 데 공헌했다.

무소르크스키 (Musorgskii, Modest Petrovich : 1839~1881) 근대 인상파 음악의 선구자

음악 4
23. 음악과 그림
〈전람회의 그림〉 중
'사무엘 골덴베르크와 슈뮈일레'

러시아 프스코프 주에서 귀족의 아들로 태어났다. 어릴 때 뛰어난 피아니스트였던 어머니에게서 피아노를 배웠다. 1856년 민족 음악 작곡가 미하일 글린카의 음악을 접하면서 러시아 민족 음악에 관심을 갖게 되었고, 이것은 이후 상트페테르부르크를 중심으로 결성된 '러시아 5인조'의 한 사람으로 활동하는 계기가 되었다.

1853년 아버지가 죽자 무소르크스키 형제는 아버지로부터 물려받은 재산을 잘못 운영하여 상당 부분을 탕진해 버렸고, 농노 해방과 함께 나머지도 모두 빼앗겼다. 그는 돈을 벌기 위해 체신부 공무원으로 일하고 남에게 손을 벌리는 등 궁핍한 생활을 했다.

그러다 1874년에 푸슈킨의 작품에 그가 대본을 쓰고 작곡을 한 대작 오페라 〈보리스 고두노프〉를 무대에 올려 큰 성공을 거두었다.

그 해에 죽은 친구인 건축가 빅토르 하르트만의 유작 전시회 그림에서 영감을 받아 작곡한 피아노곡 〈전람회의 그림〉으로 또 한 번 사람들의 주목을 받았다. 이 곡은 모리스 라벨의 관현악 편곡으로 유명하다. 그 밖에 교향시 〈민둥산의 하룻밤〉, 음악극 〈호반시치나〉, 가곡 〈어린의 방〉 등을 남겼다.

평생을 결혼하지 않고 살다가 1881년 "모든 것이 끝났어. 나처럼 불행한 사람이 또 어디 있을까?"라는 울부짖음을 끝으로 생을 마감했다.

무솔리니 (Mussolini, Benito : 1883~1945) 이탈리아의 파시스트 당 지도자

중학 사회 2
4. 현대 세계의 전개
② 제2차 세계 대전과 전후의 세계

히틀러와 더불어 20세기 중반의 파시즘을 대표하는 인물로, 이탈리아 북부 프레다피오에서 대장장이의 아들로 태어났다. 웅변에 능숙했고 영웅주의적 기질이 강했던 그는 사범학교를 졸업한 후 초등학교 교사가 되었다가, 1902년부터 사회주의 운동에 본격적으로 나서게 되었다. 제1차 세계 대전이 일어나자 그는 초기에는 사회당의 방침대로 전쟁 반대를 부르짖다가 어느 순간 열성적인 참전주의자로 바뀌어 사회당에서 제명당했다.

1914년 국가주의를 내세우며 참전을 위한 국가 총동원령을 주장했고, 이에 저항하는 노동운동가와 농민 운동가를 폭력으로 탄압하고 투옥했다. 1922년에는 마침내 쿠데타로 정권을 잡아 파시즘을 확산시켰고, 제2차 세계 대전 시기에는 독일 및 일본과 함께 연합군에 대항하는 국제 파시즘 연합 세력을 구축했으나 전쟁에 패했다. 1945년 4월 이탈리아의 반파쇼 의용군에게 체포되어 사살당했다.

▲ 무솔리니(왼쪽)와 히틀러

중학 사회 1
10. 아시아 사회의 발전과 변화
① 동아시아 문화권의 형성

중국 한나라의 제7대 황제로, 이름은 유철이다. 제6대 경제의 11번째 아들이었으나 황족들에 의해 7세 때 황태자로 책봉되었다. 기원전 141년경 제위에 올랐다. 유학을 국교로 정하고, 기원전 127년부터 자신의 아들들을 제후로 삼아 제국의 각 지역을 다스리게 했다. 이로써 강력한 중앙 집권화를 이뤘다. 또한, 자신의 외교 정책을 수행할 관리들을 새로 뽑아 본격적인 영토 확장에 나섰다. 기원전 133년 북쪽 국경을 침략하던 흉노족을 공격한 것을 비롯해, 중국 남부와 베트남 중·북부, 중앙 아시아의 페르가나까지 원정에 성공했다. 한반도의 고조선을 공격하여 왕검성을 함락하고, 낙랑·진번·임둔·현도 4군을 두어 군현제를 실시한 것도 이 무렵이었다.

그는 대외적으로 영토를 넓혔지만, 운하와 궁전 등을 건설하는 사업과 오랜 전쟁 때문에 국고를 탕진했다. 그 결과 세금을 많이 징수하고, 소금·철·술을 국가가 전매했다. 관리의 부정은 심해졌고, 농민들은 살기가 어려워지자 잇따라 반란을 일으켰다. 게다가 의심이 많은 그에게 한 측근이 황태자가 왕을 죽이려 했다고 모함하자 궁지에 몰린 황태자가 반란을 일으키기도 했다.

그는 8세의 어린 아들을 후계자로 삼고, 기원전 87년에 죽었다. 군사적 정복을 많이 해서 '무력'을 의미하는 무제라는 시호를 받았다.

▲ 무함마드 승천도

중학 사회 1
10. 아시아 사회의 발전과 변화
④ 서아시아 문화권의 형성과 발전

아라비아 메카의 몰락해 가는 지체 높은 집안에서 태어났다. 아버지가 일찍 세상을 떠나 할아버지 밑에서 자라고, 할아버지가 돌아가신 후 큰아버지의 보호 아래 살다가 12세에 큰아버지를 따라 대상 무역을 시작하여 여러 곳을 돌아다니며 장사를 했다. 그 뒤 메카의 큰 상인이자 과부인 하디자에게 고용되어 일하다가 25세에 열다섯 살 연상인 하디자와 결혼하여 3남 4녀를 낳았으나 아들은 모두 죽었다.

40세에 이르러 무함마드는 메카 교외의 동굴에 들어가 명상을 하던 중 천사 지브릴(가브리엘)로부터 천지 창조의 신인 알라의 계시를 받았다. 이 때부터 그는 자신을 알라의 사도이자 아라비아의 예언자라 믿고 코란을 설교하기 시작했다. 알라가 유일신임을 가르치고, 알라 앞에서는 모두가 평등하다는 점과, 알라의 인간 구원에 대해 설파했다.

무함마드는 가난한 민중의 폭발적인 지지를 발판으로 메디나의 지배자가 되었으며, 630년 메카를 정복했고, 다음 해에 아라비아 반도를 통일했다.

▲ 이슬람 교의 경전인 〈코란〉

미술 5
12. 우리 나라와 다른 나라 미술

노르웨이의 뢰텐에서 의사의 아들로 태어났다. 어렸을 때 어머니와 둘째 누나를 폐결핵으로 잃고, 누이동생은 정신병에 걸렸다. 또 아버지와 남동생도 일찍 여의었다. 그래서 그는 죽음이 주는 공포와 상처, 또한 죽음에 이르는 질병이 주는 불안을 안고 성장했다. 이런 감정들은 〈병든 아이〉, 〈죽음의 방〉, 〈죽음의 침상 곁에서〉 같은 작품에 특히 잘 표현되어 있다.

어릴 때부터 그림에 타고난 재능을 보여 1881년 국립 공예 학교에 들어가 공부했으며, 프랑스 인상주의의 요소와 사실주의적 요소들을 한데 어우러지게 하여 자신만의 독특한 화풍을 만들기 시작했다.

▲ 〈절규〉

1893년에 그린 대표작 〈절규〉는 좌절에 빠진 사람을 나타내기 위해 하늘·땅·다리까지 공포에 질린 채 온통 휘감겨 있는 왜곡의 표현법을 사용했다. 1894년부터 판화를 제작하기 시작했는데, '서양의 판화에 새로운 생명을 불어넣은 판화가'라는 평가를 받았다. 오슬로 시는 1963년에 뭉크 미술관을 설립했다.

중학 미술 3
애니메이션 만들기

일본 도쿄에서 비행기 만드는 회사 공장장의 아들로 태어났다. 어린 시절부터 책과 만화, 그리고 그림 그리는 것을 좋아했다. 중학교 때는 미술 선생님의 지도를 받으며 그림 공부를 했다.

고등학교 때 인생의 목표를 만화가로 정하고, 습작 만화들을 그리기 시작했다. 그 무렵 우연히 도에이 동화 회사의 첫 번째 장편 애니메이션 〈백사전〉을 보고 애니메이션의 표현력과 인간의 움직임 묘사에 큰 감동을 받았다. 그 때부터 애니메이션에 대해 깊은 관심을 갖게 되었다.

그는 미대에 가고 싶었으나 집안의 반대로 단념하고 1959년 가쿠슈인 대학(일본의 황족 전속 학교) 경제학부에 들어갔다. 대학 시절 청소년 신문에 만화를 기고했으며, 졸업 후 도에이 동화 회사에 입사하여 본격적으로 애니메이션을 배우기 시작했다. 1978년 〈미래 소년 코난〉을 발표하여 애니메이션 영화 감독으로 데뷔했다.

〈루팡 3세〉, 〈바람 계곡의 나우시카〉가 흥행에 성공하여 애니메이션 영화 감독으로서 확실한 위치를 굳혔고, 1980년대 최고의 애니메이션으로 꼽히는 〈이웃집 토토로〉 등을 발표했다. 그 밖에 〈마녀 우편 배달부 키키〉, 〈붉은 돼지〉, 〈원령 공주〉, 〈하울의 움직이는 성〉 등의 작품이 있다. 베를린 영화제 황금곰상 등을 수상했다.

미켈란젤로 (Michelangelo, Buonarroti : 1475~1564) 이탈리아 르네상스를 이끈 화가 · 건축가 · 조각가

교과서 살펴보기

사회 6-2
2. 함께 살아가는 세계
② 지구촌 속의 우리 나라

미술 5
12. 우리 나라와 다른 나라 미술

이탈리아 피렌체에서 태어났다. 화가 레오나르도 다 빈치, 시인 단테 등을 배출한 피렌체의 예술적 분위기에서 자라났다.

14세에 조반니에게서 조각을 배우고 메디치 가(당시 르네상스 시대의 이탈리아를 대표하는 명가)의 인정을 받아 전속 조각가가 되어 그 집안의 많은 미술품을 통해 조각에 대해 연구할 기회를 가졌다.

로마로 간 그는 〈바쿠스〉, 〈피에타〉 등의 대리석 조각으로 이름을 높였고, 1508년부터 교황 율리우스 2세의 부탁으로 시스티나 성당의 천장화를 4년에 걸쳐 완성했다.

1520년 피렌체에서 메디치 가의 의뢰로 〈저녁〉 등의 작품을 남겼고, 다시 로마에서 교황 파울루스 3세의 명령으로 시스티나 성당 벽에 기독교 미술의 최고 걸작으로 평가되는 〈최후의 심판〉을 그렸다.

그 밖에 〈모세 상〉, 〈다비드 상〉 등의 작품이 있다.

▲ 〈다비드 상〉

▲ 시스티나 성당의 벽화

▲ 시스티나 성당의 천장화 중 〈천지 창조〉

▲ 고대 그리스의 철학자 프로크로스를 모델로
제작한 동상

▲ 시스티나 성당의 벽화 중 〈최후의 심판〉

▲ 시스티나 성당의 천장화

중학 도덕 1
1. 삶과 도덕
③ 인간다운 삶의 자세

영국 런던에서 철학자이자 경제학자인 제임스 밀의 장남으로 태어났다. 아버지의 엄격한 교육으로 일찍이 라틴 어, 그리스 어, 논리학을 배웠으며 아버지의 치열한 지적 탐구와 정열적인 학술 활동에 깊은 감명을 받았다. 17세 때 인도·극동 지역과의 무역 증진을 위해 설립된 동인도 회사에 들어갔다. 견습 기간을 거친 뒤 1836년부터 20여 년 동안 영국 동인도 회사와 인도 정부 사이의 교섭 업무를 맡았다.

최대 다수의 최대 행복을 꾀하는 벤덤의 공리주의에 영향을 받아 공리주의자 협회를 설립했다. 그 후 여러 토론 모임에 적극 참여했으며, 당시 사회 제도를 급격하게 개혁하려는 철학적 급진주의자들의 기관지 〈웨스트민스터 리뷰〉와 몇몇 잡지에 글을 기고했다. 1835년 〈웨스트민스터 리뷰〉가 〈런던 리뷰〉와 통합하여 〈런던 앤드 웨스트민스터 리뷰〉가 된 뒤 이 잡지의 주필로 활동하면서 논리학과 정치 경제학의 체계를 세우고자 노력했다. 당시, 영국의 과학자이자 수학자인 아이작 뉴턴을 깊이 연구했던 그는 새로운 논리학을 옛 논리학에 위배되는 것으로 보지 않았다. 그래서 옛 논리학을 보완해 새로운 논리학을 결합할 방법을 연구했으며, 그 결과물을 1843년 펴낸 〈논리학 체계〉에 담았다.

1851년 결혼 이후로는 동인도 회사 일에 깊이 관여했다. 1858년 회사가 폐쇄되자 공직에서 은퇴하여 이전에 구상해 놓았던 윤리학과 정치학 관련 저서들을 펴내는 데 주력했다. 이듬해 〈자유론〉, 〈의회 개혁에 관한 구상〉을 펴냈으며, 1861년 민주 정부에 대한 신념과 현실 민주주의에 대한 비관론을 담은 〈대의제 정부에 대한 고찰〉을 펴냈다. 〈공리주의〉에서는 자신의 윤리학설에 대한 반대와 오해를 해명하려 했으며, 더욱 폭넓어진 철학적 관심을 보여주는 〈윌리엄 해밀턴 경의 철학에 대한 검토〉 등을 썼다.

1865년 의회에 진출한 그는 정부의 권한 남용을 막는 법안을 이끌어 내는 데 적극 참여했다. 그 밖에 아일랜드의 토지 소유 개혁, 국가 빚의 감축 등을 주제로 한 연설을 했다. 그러나 당시로는 지나치게 과격한 개혁안들을 잇달아 제안하는 바람에 더 이상 지지를 받지 못하고 1868년 총선에서 떨어졌다.

그 후 프랑스 아비뇽 별장으로 돌아온 그는 눈을 감을 때까지 독서와 저술, 토론에 열중했다. 그는 토지, 노동, 재능, 형이상학과 심리학 등 다양한 문제에 관해 〈포트나이틀리 리뷰〉에 정기적으로 기고했다. 또한 여성 참정권 협회 전국 연맹을 결성했으며 〈여성의 종속〉을 출간했다. 그의 마지막 공직 활동은 토지 소유 개혁 협회 결성에 참여한 일이었다. 그의 사후에 자서전과 종교에 관한 에세이 3편이 출간되었다.

▼ 여성 참정권을 옹호하는 존 스튜어트 밀을 묘사한 그림

프랑스 노르망디 지방의 그레빌에서 농부의 아들로 태어났다. 가톨릭 교도인 할머니 밑에서 자라나 셰르부르에서 그림 공부를 하다가 1837년 장학금을 받고 파리 국립 미술 학교에 들어갔다. 1848년 살롱전에 〈곡식을 키질하는 사람〉을 출품하여 당선된 것이 이후 농민 생활을 주로 그리는 계기가 되었다. 다음 해에 파리 근처의 바르비종으로 이사하여 스스로 농사를 지으며 생활하고, 그만의 독특한 시적 정감과 수심이 어린 그림을 그려 바르비종 파의 대표적 인물이 되었다.

그의 그림에 담긴 종교적인 정감은 많은 사람에게 친근함과 더불어 신성함을 불러일으키는 것으로 유명하다. 주요 작품으로 〈양 치는 소녀〉, 〈이삭 줍기〉, 〈만종〉 등이 있다.

▲〈만종〉

▲〈이삭 줍기〉

라이프치히에서 경찰 서기의 아홉 번째 아들로 태어났다. 6세부터 교회에서 피아노를 배웠으나 연극에 더 흥미를 갖게 되었고, 셰익스피어의 작품을 읽고 문학에도 빠져들었다. 그 후 베버의 〈마탄의 사수〉를 보고 감동을 받아 음악가가 되기로 결심하고 15세에 베토벤의 음악을 듣고 본격적인 음악 공부에 나섰다.

1832년에 그의 첫 오페라 〈혼례〉를, 이어서 〈요정〉을 작곡했다. 1845년에 오페라 〈탄호이저〉가 상연되었고, 베토벤의 〈합창 교향곡〉을 지휘하여 명성을 날렸다. 1849년 드레스덴 혁명에 가담하여 체포령이 내려지자 리스트의 도움을 받아 스위스의 취리히로 갔다. 그 곳에 머무르는 동안 베젠동크 부인과의 이루어질 수 없는 사랑을 악극 〈트리스탄과 이졸데〉에 담아 승화시켰으며, 1850년에 바이마르 궁정 극장에서 리스트의 지휘로 상연된 〈로엔그린〉으로 오페라의 새로운 양식을 선보였다.

그 밖의 대표적인 작품에 악극 〈니벨룽겐의 반지〉와 〈파르지팔〉 등이 있다. 쇼펜하우어의 철학과 기독교·불교의 영향을 받은 그는 니체에게 강렬한 영향을 주었고, 19세기 말 낭만주의의 기반을 닦았다. 1883년 베네치아에서 휴양하던 중 심장마비로 세상을 떠났다.

▲ 독일의 바이로이트 극장에서 열린 바그너 음악제

폴란드에서 목수의 아들로 태어나 직업 학교를 다녔다. 그 뒤 그단스크에 있는 레닌 조선소에서 전기공으로 일했는데, 1976년 반정부 노조 활동가로 활약하다 해고당했다.

1980년 레닌 조선소에서 식료품 가격 인상에 항의하는 시위가 일어났다. 이 때 파업 위원회 위원장으로 선출된 바웬사는 노동 조합 결성권 등 과감한 정치적 요구를 내걸고 총파업을 일으켰다.

시위가 전국으로 확산될 것을 염려한 정부는 이들의 요구를 수용했다. 그러자 노동자와 농민 천만 명이 반정부 조합에 가입했고, 파업 위원회는 '연대 자유 노조'라는 이름의 전국적인 노동 조합 조직으로 탈바꿈했다.

1981년 12월 폴란드 정부는 계엄령을 선포해 연대 자유 노조를 불법화하고, 바웬사를 비롯한 간부들을 체포했다. 거의 1년 동안 구금되었던 바웬사는 1983년 '연대 자유 노조를 이끌고 폴란드의 민주화에 기여한 공로'로 노벨 평화상을 받았다.

1988년 경제 사정이 악화되고 노동자의 불만이 커지자 폴란드 정부는 연대 자유 노조의 지위를 회복시켜 주었다. 이듬해 연대 자유 노조는 폴란드 의회 선거에서 크게 이겼고, 바웬사는 1990년 11월 초대 직선 대통령에 당선되었다. 1995년 대통령 선거에서 패배한 뒤 정계에서 은퇴, 레닌 조선소로 복직했다. 저서에 〈희망의 길〉이 있다.

교과서 살펴보기

사회과 탐구 6-2
2. 함께 살아가는 세계
① 변화하는 세계의 여러 나라

중학 사회 2
4. 현대 세계의 전개
③ 현대 사회의 변화와 시민 생활

바이런은 런던에서 태어났다. 방탕한 아버지는 스코틀랜드 부호의 재산 상속자였던 어머니의 재산마저 다 날려 버리고 여기저기를 떠돌다가 세상을 떠났다.

약간의 소아마비 증세로 다리를 절었던 바이런은 어머니의 천대로 힘든 어린 시절을 보내야 했다. 10세 때 큰아버지인 바이런 남작이 죽자, 그 뒤를 이어 뉴스테드 애비의 영주 자리를 상속받았다.

1805년 케임브리지 대학에 입학했고, 1807년 시집 〈게으른 나날〉을 발표했으나 비평가들의 악평을 받자 즉시 이에 대한 반발로 〈잉글랜드의 시인과 스코틀랜드의 비평가〉라는 시를 발표하여 그의 세태 풍자 능력을 보여 주었다.

21세에 상원 의원의 신분으로 리스본, 에스파냐, 몰타 섬, 아테네를 거쳐 스미르나에 머물며 장편 서사시 〈차일드 해럴드의 편력〉 1, 2권을 썼다.

1815년 명문가의 딸인 애너벨러 밀뱅크와 결혼했다가 이내 이혼한 것에 대해 세상의 구설에 오르자 스위스에서 지내면서 〈차일드 해럴드의 편력〉 3권을 썼고, 그 후 여러 곳을 다니며 〈맨프레드〉, 〈타소의 비탄〉, 〈차일드 해럴드의 편력〉 4권 등을 썼다. 1824년 그리스 독립군을 지원하기 위해 갔다가 36세의 나이로 세상을 떠났다.

교과서 살펴보기

중학 국어 2-1
1. 감상하며 읽기
① 문학 작품의 감상

중학 국어 3-1
3. 독서와 사회
① 독서와 사회 · 문화의 만남

교과서 살펴보기

음악 3
미뉴에트

중학 음악 1
바로크 시대 음악가

중학 음악 2
푸가 사단조

요한 제바스티안 바흐는 독일 아이제나흐의 음악가 집안에서 여덟 번째 아들로 태어났다. 그의 집안은 200년에 걸쳐 50명의 작곡가를 배출한 가문이었다.

1703년 바이마르 궁정 악단의 바이올린 연주자를 거쳐 아른슈타트의 교회 오르간 연주자가 되면서 그의 이름이 세상에 알려졌다. 이 때 〈전주곡과 푸가〉, 〈코랄 전주곡〉 등을 작곡했고, 1717년부터 쾨텐의 궁정 악장을 지내며 기악곡, 바이올린 협주곡, 〈브란덴부르크 협주곡〉 등을 썼으며 〈평균율 클라비어 곡집〉도 정리했다.

1723년부터 라이프치히의 성 토마스 교회의 합창 지휘자로 여생을 보내며 〈마테 수난곡〉, 〈요한 수난곡〉 등 교회 음악을 많이 작곡했다. 바흐는 오페라를 제외한 모든 영역에서 당시의 음악적 전통과 자신의 개성을 잘 융화시켜 서양 음악의 발전을 위한 발판을 마련했다.

바흐는 〈푸가의 기법〉을 완성하지 못하고 장님이 되어 고생하다가 심장 마비로 세상을 떠났다.

▲ 바흐의 가족 음악회

교과서 살펴보기

중학 국어 2-1
1. 감상하며 읽기
① 문학 작품의 감상

중학 국어 3-1
3. 독서와 사회
① 독서와 사회 · 문화의 만남

자는 낙천, 호는 향산거사로, 두보가 죽은 지 2년 뒤에 뤄양 부근 신정에서 가난한 관리의 아들로 태어났다.

어려서부터 총명하여 15세 때 이미 시에 탁월한 재능을 보였고, 젊은 시절에는 〈시악부〉라는 글을 써 백성의 처참한 생활 모습과 부패한 관리들을 고발하는 등 현실 사회에 커다란 관심을 가졌다.

811년 어머니가 세상을 뜨고 다음 해에 어린 딸마저 죽자 그의 관심은 인생과 죽음의 문제로 돌아서게 되었다. 그 결과 불교에 눈을 떠 〈백씨문집〉 등을 쓰기도 했다.

백거이의 문학은 처음에는 낭만주의적이었다가 이상주의로, 나아가 사회 비판적이었고, 마침내 인간이라는 소재에 몰두하게 되었다. 그의 시는 대중적이어서 서민들에게 많이 애송되었다.

그의 시 작품은 3800여 수가 전해 내려오며, 그 중 〈비파행〉, 〈장한가〉 등이 대표작으로 꼽힌다.

▲ 백거이의 명시 〈봄날 호수에서〉의 배경이 된 중국의 시후 호

중학 음악 2
7. 산마을 '아 그대였던가' (감상곡)

베르디는 이탈리아 파르마 공국의 레론콜레에서 여인숙을 하던 가난한 집안에서 태어났다. 여인숙에 묵던 한 손님이 베르디의 재능을 알아보고 그에게 음악을 가르치라고 아버지에게 말해 주었을 정도로 어린 시절부터 음악에 재능이 있었다.

1839년 밀라노에서 〈산보니파초의 백작 오베르토〉의 상연에 성공한 뒤 본격적인 오페라 작곡가의 길로 나아갔으나 얼마 후 아내와 두 아이를 잃는 불행을 겪었다. 친구들의 격려로 다시 마음을 다진 그는 1842년부터 9년 동안 14곡의 오페라를 작곡했다. 특히 1851년 베네치아에서 상연된 〈리골레토〉는 최고의 갈채를 받았다.

그의 대표작인 〈춘희〉, 〈가면 무도회〉, 〈아이다〉, 〈레퀴엠〉 등은 지금도 자주 무대에 오르는 인기 있는 작품이다.

▲ 〈리골레토〉 공연 장면

▲ 〈아이다〉 공연 장면

중학 생활 국어 2-1
1. 즐거운 언어 생활

프랑스의 항구 도시 낭트에서 태어났다. 파리에서 법률을 공부했으나 문학을 동경하여 희곡과 오페라 대본, 소설 등을 썼다. 여행을 좋아하여 영국과 스칸디나비아를 여행했으며, 많은 여행가와 지리학자들을 알게 되었다.

1863년 '별난 여행 시리즈'의 첫 작품인 〈5주일 동안의 풍선 여행〉을 발표하여 폭발적 인기를 얻었으며, 이에 힘입어 비슷한 모험 소설을 계속 발표했다. 〈땅 속 여행〉, 〈달나라 여행〉, 〈해저 2만 리〉, 〈신비의 섬〉 등 그의 여행 시리즈는 자연 과학의 지식에 풍부한 공상이 더해진 것이었다. 그가 상상력으로 소설 속에 등장시킨 잠수함, 텔레비전, 우주 여행은 나중에 진짜 현실이 되었다. 그는 평생 동안 80여 편의 작품을 썼는데, 그 중 대표작으로는 특히 사실적이고 흥미진진한 모험물인 〈80일간의 세계 일주〉를 들 수 있다.

그의 소설들은 전세계적으로 큰 인기를 얻었으며, 1900년대 들어서 〈해저 2만 리〉를 비롯한 여러 편이 영화화되기도 했다. 1872년 아미앵에 가서 살기 시작했으며, 1892년 레지옹 도뇌르 훈장을 받았다. 77세를 일기로 생을 마쳤으며, 오늘날 근대 공상 과학 소설의 선구자로 평가 받고 있다.

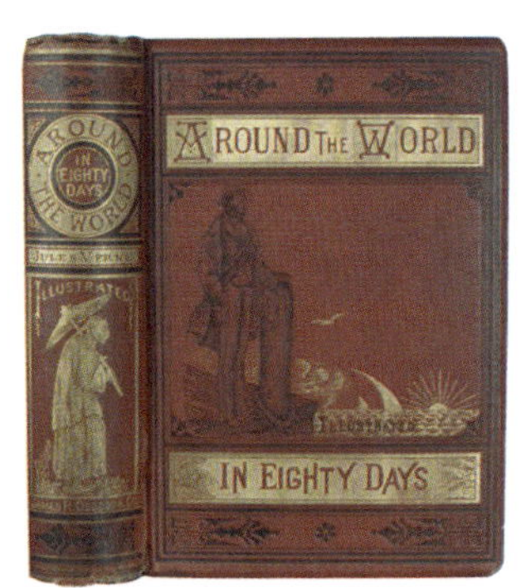

▲ 1873년 영문판 〈80일간의 세계 일주〉

중학 도덕 2
1. 사회 생활과 도덕
④ 생활 속의 경제 윤리

독일 에르푸르트에서 상인 출신 정치가의 아들로 태어났다. 비교적 유복했지만, 절대적인 복종을 요구하는 권위적인 아버지와 종교적 엄격함을 지닌 어머니 밑에서 자랐다.

1882년 하이델베르크 대학에서 공부했고, 군 복무를 마친 뒤 베를린 대학에서 법률과 경제사를 공부했다. 1893년에는 베를린 대학의 임시 법학 강사로 일했고, 프라이부르크 대학을 거쳐 하이델베르크 대학에서 교편을 잡았다.

사회와 경제에 관한 여러 편의 논문을 발표하고, '프로테스탄트'라는 사회 단체에서 정치 활동을 하기도 했다. 1890년대 후반부터 신경 쇠약이 심해지면서 연구 활동을 하기가 어려워 교수직을 사임했다.

그러나 오랜 시간 병을 앓은 후 종교와 사회, 경제에 대한 통찰력이 더욱 깊어져서, 중요한 연구 성과를 많이 발표했다. 특히 1904년에 발표한 〈프로테스탄티즘의 윤리와 자본주의 정신〉은 수많은 논쟁을 불러일으켰다.

베버는 이 논문에서 자본주의의 성공은 프로테스탄티즘, 특히 칼뱅의 예정설 및 소명 의식과 관계가 있다고 주장했다. 즉 인간의 구원은 개인의 노력이 아니라, 오직 신의 의지로 예정된 것이라는 예정설로 인한 불안감을 없애기 위해 끊임없이 노력하고, 절약하는 금욕주의적 윤리를 실천한 결과 자본이 빠르게 축적되어 자본주의가 발달할 수 있었다고 설명했다.

중학 도덕 3
1. 개인의 가치와 도덕 문제

중학 사회 2
2. 서양 근대 사회의 발전과 변화
① 서양 근대 사회의 시작

런던의 명문 집안에서 태어났다. 그는 엘리자베스 여왕 시기에 국회의원이었고, 그 후 사법 장관을 지냈다. 남작과 자작의 작위도 얻었으나 뇌물을 받은 일로 인해 모든 지위를 잃고 남은 인생을 연구와 저술 활동에만 전력했다.

그는 스콜라 철학에 반대하여 "모든 우상을 없애야 하고, 오직 실험과 관찰을 통해 얻은 경험만이 유일한 지식이며, 이 경험으로 자연을 올바르게 알고, 이를 바탕으로 자연을 지배하는 것이 학문의 과제다."라고 주장했다.

베이컨은 너그러우면서도 냉정한 지성을 가진 현실파였다. 그는 과학의 미래에 대해 큰 기대를 갖고 과학 연구의 새로운 방법을 주창했다.

이를 토대로 '인류의 왕국'을 넓혀 자연에 대한 인간의 승리를 추구한 그의 이상은 유럽 근대 철학에 커다란 영향을 주었다. 주요 저서로 〈학문의 진보〉, 〈수상록〉 등이 있다.

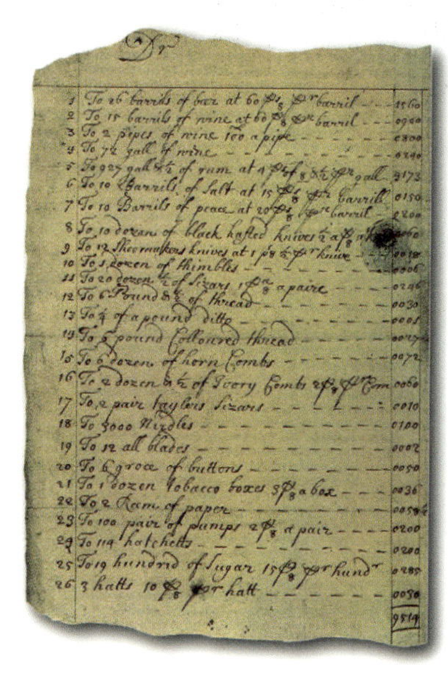

▲ 베이컨의 자필 노트

영국 스코틀랜드 에든버러에서 태어났다. 할아버지는 말더듬이를 위한 발음 교정 학교를 경영했고, 아버지는 벙어리에게 말을 가르치는 시화법을 처음 만들어 냈다.

벨 역시 어려서부터 시화술에 뛰어났다. 그는 에든버러 대학을 나온 후 런던 대학에서 의학을 연구하다 1870년 아버지와 함께 캐나다로 건너갔다.

1871년 미국으로 이주한 후, 보스턴 농아 학교에서 시화법을 가르쳐 주위 사람들로부터 많은 존경을 받았다.

그러던 중 음성의 메커니즘에 흥미를 느끼다가 전기 통신을 연구하게 되었다.

화술 교육가인 아버지를 이어 보스턴에서 농아 학교를 경영했으며, 1873년부터는 보스턴 대학의 음성 생리학 교수가 되었다. 이 무렵 전화기를 실험하기 시작하여 1876년 자석식 전화기를 발명했다.

이듬해 벨 전화 회사를 설립했으며, 그 후에 볼타 연구소를 창설, 농아 교육에 전력했다. 그 밖에 광선 전화 연구, 축음기 개량, 비행기 연구 등 여러 방면에 업적을 남겼다.

▲ 벨이 발명한 전화기

파리에서 프랑스 원로원 사무국 고관의 아들로 태어났다. 아버지의 나이 62세에, 어머니의 나이 28세에 태어난 보들레르는 부모의 나이 차이로 인해 불안한 가정에서 자라났고, 6세에 아버지가 죽고 나서 어머니가 재혼하자 그는 심한 성격 이상 증세를 보였다.

18세에 불량한 언행 때문에 학교에서 퇴학당하기도 했는데, 이 시기에 보들레르는 문학에 전념하겠다는 생각을 했으나 더욱 방종한 생활을 했다. 더구나 그가 20세에 아버지로부터 많은 유산을 물려받았을 때는 아예 센 강변에 숙소를 정하고 혼혈 여배우와 지내며 그녀를 작품의 소재로 삼는 등 아버지의 유산을 탕진하고 글로 생계를 유지할 때까지 거의 파멸적 탐미주의에 빠져들었다.

24세에 〈1845년의 살롱〉을 발표하며 미술 평론가로 데뷔하고 단편 소설도 썼다. 1857년에 오래 준비해 온 시집 〈악의 꽃〉을 출판했으나 미풍을 해친다고 하여 6편의 시가 삭제당하고 1861년에 재발행되어 그의 명성을 높였다. 43세에 벨기에로 강연차 여행을 떠난 이후 실어증으로 고통 받다가 46세에 세상을 떠났다. 보들레르는 에드거 앨런 포로부터 문학적 영향을 크게 받았으며, 그의 서정시는 다음 세대인 베를렌, 랭보, 말라르메 등 상징주의 시인들에게 큰 영향을 끼쳤다.

▲ 쿠르베가 그린 보들레르의 모습

중학 과학 3
3. 물질의 구성
① 물질의 구성 입자

아인슈타인과 함께 20세기를 대표하는 최고의 물리학자로 꼽힌다. 덴마크 코펜하겐에서 생리학 교수의 아들로 태어났다.

1903년 코펜하겐 대학에 들어가 물리학을 전공했다. 1911년 전자 이론에 관한 논문으로 박사 학위를 받았으며, 영국으로 건너가 당대 최고의 물리학자 러더퍼드에게 수학했다.

1913년 원자의 구조를 다룬 세 편의 논문에서 수소 원자의 스펙트럼을 정확하게 해석했다. 특히 원자핵에 전자가 끌려 들어가지 않고 안정적으로 존재하는 현상에 대한 해답을 제시했다. '보어 원자 모형'이라 불리는 이 학설로 1922년 노벨 물리학상을 받았다.

그 후 코펜하겐으로 돌아와 이론 물리학 교수가 되었다. 그리고 보어 연구소라는 이론 물리학 연구소를 세워 물리학자들로 이루어진 '코펜하겐 그룹'을 이끌었다.

이 그룹에는 1925년 행렬 역학을 창시한 하이젠베르크를 비롯해 파울리, 디락 등 양자 역학을 반석 위에 올려 놓은 20세기 최고의 물리학자들이 있었다.

이들은 보어와의 협동 연구를 통해 불확정성 원리, 상보성 원리 등 양자 역학의 주요 원리들을 제창했다. 보어는 1930년대 이후 더욱 가속화된 핵물리학 연구에서도 항상 중심적인 위치를 차지했다.

중학 과학 1
5. 분자의 운동
② 압력과 온도에 따른 부피 변화

중학 과학 3
3. 물질의 구성
① 물질의 구성 입자

아일랜드 리즈모어의 귀족 집안에서 태어났다. 1635년 이튼 고등학교에 입학했고, 1639년부터 스위스를 비롯한 유럽을 돌아다니며 공부했다. 그러던 중 갈릴레이의 저서를 읽고 근대 과학에 관심을 갖기 시작했다.

그 뒤 영국 남서부의 도싯에 머물면서 실험 연구를 시작했다. 1656년부터 옥스퍼드에 살았는데, 유명한 발명가인 로버트 훅과 함께 공기 펌프를 만들었다. 그리고 공기 펌프에서 영감을 얻어 공기가 연소, 호흡, 소리 전달에 꼭 필요하다는 것과 공기의 물리적 특성을 알려 주는 실험을 했다. 그 결과를 1660년 〈공기의 탄력에 대한 자극과 그 효과에 관한 새로운 물리 역학적 실험들〉로 펴냈다.

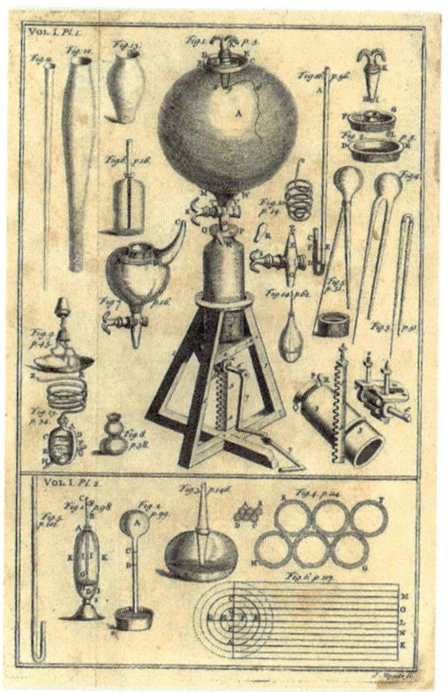

1662년에는 일정한 온도에서 기체의 부피는 압력에 반비례한다는 현재 '보일의 법칙'으로 알려진 내용을 추가했다. 한편 그는 1661년 '근본 입자'라는 개념을 내세워 물질과 자연 현상을 설명했다. 그에 따르면 물질이 서로 다른 것은 근본 입자의 수, 위치, 운동이 다르기 때문이다. 그의 근본 입자 개념은 오늘날 현대 화학 원소 이론의 앞선 형태로 인정 받고 있다.

▲ 보일의 실험도

상인이었던 아버지가 파리에 있을 때 태어났다. 그는 아버지의 일을 도우며 약간의 교육을 받았다. 14세에는 아버지의 뜻에 따라 나폴리로 장사하는 법을 배우러 갔으나 장사에는 관심 없이 문학에 대한 열정을 더욱 키워 나갔다. 1336년에 나폴리의 통치자인 로베르 공의 딸을 사랑하여 그녀를 위해 두 권의 책까지 썼다.

아버지가 죽자 1341년에 피렌체로 돌아와 시청에 근무했다. 1348년 피렌체에 페스트가 퍼져 많은 사람이 죽자 그는 이 사건을 계기로 〈데카메론〉을 쓰기 시작하여 1353년에 마쳤다.

1374년 정신적인 지주였던 페트라르카가 죽자 그는 시청에서의 〈신곡〉 강의도 그만두고, 고향에 돌아가 은거 생활을 하다 이듬해에 세상을 떠났다. 주요 작품인 〈필로콜로〉, 〈피아메타〉, 〈피에졸레의 요정〉 등에는 그의 인본주의 정신이 잘 반영되어 있다.

교과서 살펴보기

중학 국어 3-1
3. 독서와 사회
① 독서와 사회 · 문화의 만남

▲ 보카치오 동상(피렌체 우피치 미술관)

파리의 시민 계급 출신으로, 프랑스의 대표적인 계몽주의 사상가이다. 본명은 프랑수아 마리 아루에. 1717년 정부에 비방하는 글을 쓴 혐의로 감옥에 들어갔는데 여기서 비극 〈오이디푸스〉를 완성했고, 다음 해 상연하여 큰 성공을 거두면서 볼테르라는 필명을 쓰기 시작했다. 이후 한 귀족과의 싸움으로 다시 투옥되었다가 감옥에서 나와 1726년에 영국으로 갔다. 자유로운 영국의 분위기 속에서 볼테르는 자신의 비판 의식을 보다 체계화하고, 서사시 〈앙리아드〉를 출판하고 1729년에 귀국했다.

그 직후 영국 사회를 모범으로 삼아 프랑스 사회를 비판한 〈철학 서간〉을 출판했으나 정부의 미움을 사 10년 동안 연구와 저술 활동만 하며 지냈다. 이 시기에 희곡 〈마호메트〉 · 〈메로프〉, 철학시 〈인간론〉 등을 발표했다. 1751년에 프로이센의 궁전에서 〈루이 14세의 세기〉를 완성했고, 1761년 이후에는 스위스의 국경 마을에서 지내며 〈관용론〉, 〈풍속 시론〉, 〈캉디드〉를 썼다. 볼테르는 루소, 디드로와 함께 백과전서파의 주요 인물이다.

교과서 살펴보기

중학 사회 2
2. 서양 근대 사회의 발전과 변화
① 서양 근대 사회의 시작

중학 국어 2-1
2. 어떻게 읽을까

▲ 18세기 프랑스 귀족들의 호화로운 생활

중학 사회 2
2. 서양 근대 사회의 발전과 변화
③ 자유주의와 민족주의의 발전

비스마르크는 독일의 통일을 달성한 탁월한 정치가로 철혈 재상으로 잘 알려져 있다. 프로이센의 브란덴부르크 주의 쉰하우젠에서 지방 귀족의 아들로 태어난 그는 괴팅겐 대학과 베를린 대학에서 공부했고, 1836년부터 1839년까지 관리 생활도 했다.

1848년의 베를린 3월 혁명 때 왕정파로 활약하기도 한 그는 혁명 후에는 독일 연방 의회 프로이센 대표로 오스트리아와 자주 갈등을 빚었다.

1862년 빌헬름 1세는 독일 통일을 위한 군비 확장을 위해 비스마르크를 수상으로 임명했다. 이 때 비스마르크는 의회에서의 군비 확장안 통과를 위한 유명한 연설을 했다.

그는 이 연설에서 "현재의 큰 문제는 언론이나 다수결에 의해 결정되지 않고 철과 피(철혈)에 의해 결정된다."며 군비 확장을 계속할 뜻을 밝혔다. 그 뒤 1870~1871년의 전쟁에서 마침내 승리하여 독일 통일을 이루었다.

▲ 빌헬름 1세에게 보낸 비스마르크의 편지

음악 3
10. 시계
〈아를의 여인〉 제1모음곡 중 '전주곡'

성악 교사인 아버지와 피아니스트인 어머니 사이에서 태어났다. 부모의 영향을 받은 그는 10세가 되기도 전에 파리 음악원에 들어가 본격적인 음악 공부를 시작했다.

1855년에 세련된 오페레타 〈교향곡 C장조〉를 작곡하고, 1857년에 〈클로비스와 클로틸드〉로 로마 대상을 수상했다. 덕분에 로마로 유학 가서 슈만, 멘델스존 등 유명한 음악가들에게 배울 수 있었다. 당시 로마에서 받은 인상을 교향곡 2번 C장조 〈로마〉에 담았다.

1860년 파리로 돌아와 오페라 창작에 힘을 쏟았지만, 청년기의 정서적 불안으로 인해 계획한 오페라들을 많이 완성하지는 못했다. 그런 가운데 1863년 작곡한 오페라 〈진주잡이〉는 이국적인 선율을 가진 작품으로, 오페라 작곡가로서 알려지는 계기가 되었다.

1869년 결혼과 함께 마음의 안정을 찾은 그는 1872년 독창적이고 이국적인 분위기의 1막 오페라 〈자밀레〉를 발표했다. 같은 해 만들어진 〈아를의 여인〉은 뛰어난 극적 구성과 섬세하고 부드러운 음악적 특징을 보여 주었다.

그 뒤 프랑스–프로이센 전쟁에 참여한 후 만든 〈카르멘〉은 사실적이면서 화려하고 아름다운 오페라로, 그의 이름을 음악사에 남게 했다.

그는 1875년 3월 〈카르멘〉이 초연되고 3개월 후 죽었는데, 〈카르멘〉은 지금까지도 세계에서 가장 많이 공연되고 있는 오페라 중 하나이다.

하노버 왕가의 마지막 군주로서, '해가 지지 않는 영국'을 세운 영국 전성기의 여왕이다. 조지 3세의 넷째 아들인 켄트 공작과 독일 태생의 어머니 사이에서 태어났다. 태어난 다음 해에 아버지를 여의고, 켄싱턴 궁에서 어머니와 독일계 가정 교사의 교육을 받으며 자랐다.

1837년 큰아버지 윌리엄 4세가 죽자 왕위를 이었다. 1840년 높은 인격과 교양을 갖춘 외사촌 동생 앨버트 공과 결혼했다. 앨버트는 평생 여왕의 좋은 조언자로서, 여왕에게 가장 중요하고 영향력 있는 인물이 되었다. 여왕은 모든 일을 남편에게 의지했으며, 그와의 사이에서 9명의 아이도 낳았다. 여왕 가족은 스코틀랜드에 발모럴 성을, 아일오브와이트 섬에 오즈번 왕궁을 각각 짓고, 가끔 그 곳에 가서 지냈다. 여왕 부부는 특히 발모럴 성에서 남의 눈을 의식할 필요가 없는 오붓한 사생활을 즐겼고, 중산층 국민처럼 검소한 생활을 했다.

1846년 여왕 부부는 기근으로 고통받는 아일랜드를 구제하기 위해 영국 곡물 가격을 인위적으로 높게 유지하는 곡물법의 폐지를 지지했다. 하지만 여전히 많은 국민들의 비참한 생활을 직시하지 못했으며, 개혁을 주장하는 사람들을 탄압했다.

1851년에는 만국 박람회를 열어 영국의 부와 과학 기술을 전세계에 과시했다. 1854년 크림 전쟁이 일어나자 여왕은 부상병을 돕는 여성 위원회를 직접 감독했고, 나이팅게일의 활동을 후원했다. 병원으로 부상병을 찾아가기도 했고, 빅토리아 십자 훈장을 제정하여 용감한 병사에게 수여했다.

1861년 앨버트가 세상을 떠나자, 여왕은 슬픔과 우울증에 빠져 한때 왕의 임무도 잊었다. 그 후 여왕은 보수당의 디즈레일리와 정치적으로 가깝게 지냈다. 디즈레일리는 1868년 총리로 취임하여, 제국주의적인 대외 정책을 실행에 옮겼다.

그는 1875년 수에즈 운하의 주식을 절반 가까이 사들여 프랑스의 독점을 막았다. 또 이듬해엔 여왕에게 '인도 여제'라는 칭호를 선사했다. 1878년엔 러시아에 선전 포고하여, 전략적 요충지인 키프로스 섬을 얻었다.

1880년 선거에서 보수당이 패배했고, 1884년에는 선거법이 개정되었다. 1899년 보어 전쟁이 일어나자 여왕은 영국 병사를 위로하는 활동을 벌였고, 이로써 국민들의 애정과 인기를 다시 얻었다.

여왕은 오랜 세월 왕위에 있는 동안 군주의 실무적 기능보다 군주의 품위를 과시하는 의례적 기능을 강화했고, 이는 오늘날까지 영국 군주제가 존재하는 데 이바지했다.

▼ 인도 캘커타의 빅토리아 기념관

파리에서 태어났다. 어린 시절에 아버지가 세상을 떠나 외할아버지 밑에서 자랐는데, 그의 어머니의 사촌 오빠가 바로 아프리카에서 사랑의 의술을 펼쳐 노벨 평화상을 받은 알베르트 슈바이처이다.

1925년 명문인 에콜 노르말 쉬페리외르에 입학했고, 이 무렵에 그의 부인이자 평생의 동반자인 시몬 드 보부아르를 만났다. 졸업을 하고 군대를 갔다 온 뒤 프랑스 북부의 루아브르에서 고등학교 철학 교사가 되었고, 1933년 독일로 유학하여 후설과 하이데거를 연구한 후 〈자아의 극복〉, 〈상상력〉 등을 발표하며 현상학에 대한 자신의 관심을 보여 주었다. 1938년에 소설 〈구토〉를 발표하여 작가로서의 기반을 닦았다.

1939년에는 독일과의 전쟁에 소집되어 참전, 독일군의 포로가 되었다가 1941년에 포로 수용소를 탈출하여 파리에서 계속 문필 활동을 했다. 1943년 〈존재와 무〉를 발표하여 제2차 세계 대전 시기의 암울한 시대를 대표하는 철학자로서의 이름을 확고히 했다.

잡지 〈현대〉를 창간하여 전후 문학을 이끌어 갔으며, 1964년에는 노벨 문학상의 수상을 거부하여 커다란 화제가 되었다.

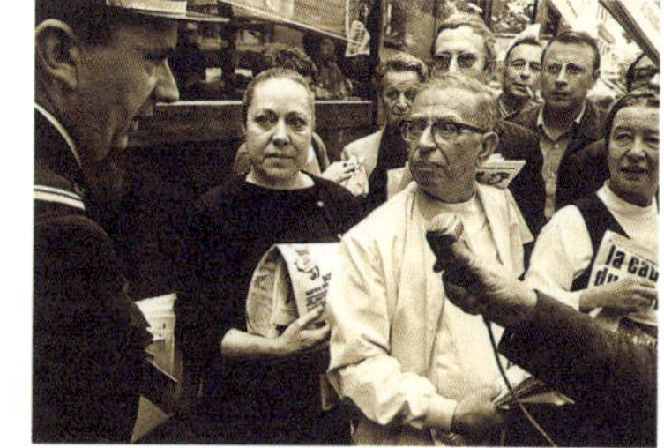

▲ 사르트르와 그의 부인 보부아르

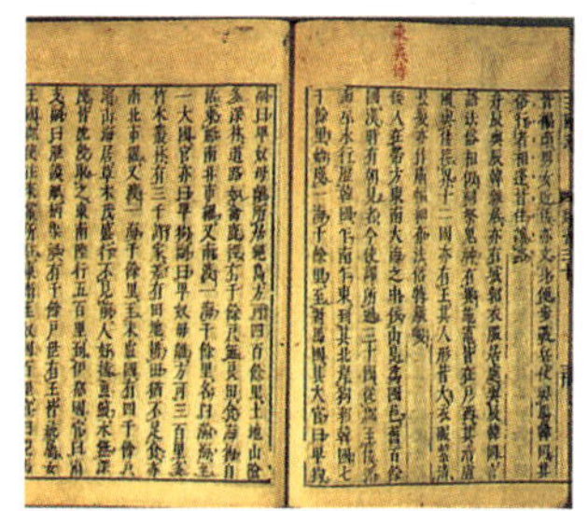

▲ 사마천이 지은 〈사기〉

사마천은 고대 중국의 역사를 기술한 〈사기〉라는 역사책으로 유명한 역사학자로 한나라 때 산시 성에서 태어났다.

그의 아버지는 조정의 천문 · 역법이나 각종 도서를 관장하는 태사령이라는 벼슬을 지냈고, 아들에게 중국 각지를 여행하게 하고 고문도 배우게 했다. 뿐만 아니라 사마천에게 고대로부터 그 당시까지의 역사책을 쓰라는 유언까지 남겼다.

기원전 108년 아버지 뒤를 이어 태사령에 임명된 사마천은 달력을 개정하여 태초력을 만들고 통사 편찬에 들어갔다. 기원전 99년 흉노와의 전쟁에서 포로가 된 한나라 이릉 장군의 처분을 결정하는 과정에서 이릉을 계속 두둔했다는 이유로 황제인 무제로부터 몸의 일부를 베어 내는 형벌을 당했다.

그러나 후세에 바른 역사를 전하겠다는 의지로 버텨 몇 년 뒤 감옥에서 나와 중서령에 임명된 후 더욱 통사 편찬에 전념하여 드디어 중국 최초의 임금인 황제부터 그가 살던 시기인 한나라 무제까지 역대 왕조를 기록한 〈사기〉 130권을 완성했다.

▲ 한나라 때의 동제 마차

미술 4
3. 상상의 세계

러시아 비테프스크의 유대 인 집안에서 태어났다. 어렸을 때부터 화가가 되고 싶어했으며, 19세 때 유대 인 화가 예후다 펜이 운영하는 미술 학교에서 공부했다. 20세 때는 상트페테르부르크에 가서 미술을 공부했다. 1910년 파리로 옮겨 간 샤갈은 전위 미술가들의 집단 거주지였던 '라 뤼슈'에서 그림 공부를 했다. 그는 파리에서 표현주의, 입체파를 비롯하여 인상파, 야수파 등 다양한 화풍의 화가들과 예술가들에게 영향을 받았다. 1911년 발표한 〈나와 마을〉, 〈시인〉 등은 형식과 색채에서 실험적이었지만, 그의 어린 시절에 대한 추억이 가득 차 있는 작품들이다.

1914년 고향인 비테프스크에 들렀다가 제1차 세계 대전을 맞으면서 고국에 머물렀다. 1917년 러시아 혁명이 일어나자 지역 예술 위원이 되어 고향의 예술을 발전시키기 위해 노력했다. 1922년 베를린에 들러 판화 기법을 배우고, 이듬해 파리로 돌아가서 작품 활동을 계속했다. 그 후 샤갈은 수많은 유화와 판화로 유럽의 대표적인 화가로 떠올랐다. 특히 1933년 스위스 바젤 미술관에서 회고전이 열리고, 1939년 카네기 상을 타면서 당대 최고의 화가로 자리잡았다. 그러나 나치스의 유대 인 박해가 심해지자 미국으로 건너갔다. 전쟁이 끝난 뒤 프랑스로 돌아와 여생을 프랑스 남부의 방스에서 살았다.

그의 작품 영역은 더욱 넓어져서 도자기, 무대 장치와 의상, 스테인드글라스 창문, 벽화까지 손을 댔다. 1956년 〈성서 메시지〉 시리즈를 완성하고, 1964년 파리 오페라 극장의 천장화를 비롯, 런던 워터게이트 극장과 프랑크푸르트 극장의 벽화를 그렸다. 그는 다양한 분야에서 왕성한 작품 활동을 하다가 98세의 나이로 눈을 감았다.

그 밖의 작품으로 〈손가락이 7개인 자화상〉, 〈도시 위에서〉 등이 있다.

▲ 〈나와 마을〉

▲ 〈도시 위에서〉

서태후 (西太后 : 1835~1908) 섭정으로 권력을 휘두른 청나라 함풍제의 후궁

중국 청나라의 황제인 함풍제의 후궁이다. 서열이 낮은 후궁이었지만, 그녀가 낳은 아들 재순은 황제의 유일한 아들이었다. 황제가 죽자 여섯 살 난 재순이 동치제로 즉위했고, 8명의 원로로 구성된 섭정 위원회가 나랏일을 맡게 되었다.

이 때 함풍제의 본처인 동태후(자안 황태후)와 모략을 세운 서태후는 함풍제의 동생 공친왕과 함께 섭정을 넘겨 받아 실제적인 나랏일을 맡아 보았다. 동치제가 성인이 된 후에도 서태후 세력은 모든 국사를 장악했다.

동치제가 일찍 세상을 떠나자 제위 계승의 원칙을 무시하고 세 살배기 조카를 양자로 삼아 광서제로 즉위시켰다. 1881년 동태후가 죽고 난 후에는 서태후가 권력을 독점했다. 3년 후 서태후는 공친왕을 제거하고 그가 추진하던 개혁 정책들을 폐기시켰다. 1889년에는 명목상 자신의 권력을 정부에 넘겨 주고 은퇴했다.

성인이 된 광서제가 급진적인 개혁을 추진하자 서태후는 황제를 궁전에 연금시킨 뒤 다시 섭정을 시작했다. 그러던 중 의화단 운동에 동조하다가 외국 연합군이 베이징을 장악하자 베이징을 떠나 치욕스러운 강화 조약을 맺었다. 1902년, 베이징으로 돌아온 서태후는 1898년 자신이 무산시켰던 개혁 정책을 실시해 나갔다. 죽기 전날 광서제의 죽음이 세상에 알려졌는데, 서태후의 명에 따라 독살된 것으로 추측된다.

중학 사회 2
2. 서양 근대 사회의 발전과 변화
① 서양 근대 사회의 시작

세르반테스 (Cervantes, Miguel de : 1547~1616) 〈돈키호테〉를 쓴 에스파냐의 작가

마드리드 근처의 알칼라데에나레스에서 외과 의사의 아들로 태어났다. 집안이 가난하고 소년 시절부터 자주 이사를 했기 때문에 학교를 다닌 적이 없었다.

1569년 이탈리아 주재 에스파냐 군대에 입대했고, 1571년에는 레판토 해전에 참전하여 왼손에 부상을 입기도 했다. 1575년 에스파냐로 귀국하던 중 해적에게 습격을 당해 5년간 알제리에서 노예 생활을 했으나 우연히 구출되어 마드리드로 돌아왔다. 1584년에는 카타리나라는 농촌의 부잣집 딸과 결혼했다.

1585년 소설 〈라 갈라테아〉를 썼고, 1587년까지 약 30편의 희곡을 썼다. 그 뒤 생계를 잇기가 힘들어 문학을 포기하고, 세금 징수원으로 어렵게 살다가 여러 번 감옥에 드나들기도 했다. 1605년 불후의 명작인 〈돈키호테〉 제1부를 출간하여 이름을 드날렸으나 힘든 생활을 계속해야 했다. 그 사이 〈모범 소설집〉 등을 발표했고, 1615년에는 〈돈키호테〉 제2부를 출간했다. 그는 셰익스피어가 죽은 날과 같은 날인 1616년 4월 23일 마드리드에서 세상을 떠났다.

사회 6-1
3. 대한민국의 발전
① 나라를 되찾기 위한 노력

중학 국사
9. 민족의 독립 운동
③ 독립 전쟁의 전개

▲ 세르반테스와 〈돈키호테〉에 등장하는 돈키호테와 산초 판사의 동상

손자 (孫子 : ?~?)   중국 고대의 병법가

중국 춘추 시대 때 제나라 사람으로 본명은 손무, 자는 장경이다. 손자는 손무를 높여 부르는 경칭이다. 일찍이 자신이 쓴 〈병법〉 13편을 오나라의 왕 합려에게 보여 주었다. 이 책은 적과 싸울 때 이기기 위해 가져야 할 마음가짐, 적을 속이는 계책 등이 쓰여 있는 병서였다. 손자의 병서를 본 합려는 그를 장군으로 임명했다. 손자는 오나라 군대의 기강을 잡고, 군사들을 훈련시키는 일을 맡았다.

손자는 전쟁을 할 때 먼저 적군의 상황을 분석하고, 아군의 사기와 공격력 등을 파악한 다음 전투를 시작했다. "적을 알고 나를 알면 백 번 싸워도 위태롭지 않다."는 명언은 바로 그의 실전 경험에서 나온 말이다.

잘 정비되고 조직된 군대를 만든 손자는 초나라·제나라·진나라를 차례로 굴복시키고, 오나라를 반석 위에 올려놓았다. 손자는 전투에서 가장 좋은 것은 싸움을 해서 적을 굴복시키는 것이 아니라, 싸우지 않고도 적을 굴복시키는 것이라고 주장했는데, 이는 그의 인간 존중 사상을 나타낸다.

말년에 자신의 전투 경험 등을 바탕으로 〈손자병법〉을 썼는데, 이 책은 오늘날까지도 중국 최고의 병서로 꼽힌다. 이 책에는 싸움에서 이기는 작전이나 전략뿐만 아니라, 고른 인재 등용법 등 손자가 중요하게 생각했던 철학이 집대성되어 있다.

중학 사회 1
10. 아시아 사회의 발전과 변화
① 동아시아 문화권의 형성

솔론 (Solon : 기원전 640?~기원전 560?)   아테네의 정치가·시인

그리스의 7현인 중 한 사람으로 알려진 솔론은 배타적인 귀족 정치를 종식시키고 금권 정치로 대체했으며 이전보다 좀더 인도적인 법을 도입했다.

아테네의 부유한 상인 집안에서 태어난 솔론은 장사를 위해 여러 나라를 두루 다니며 견문을 넓힌 덕에 매우 지혜로웠다. 기원전 7세기 후반, 아테네는 살라미스 섬을 놓고 이웃 나라 메가라와 전쟁을 하게 되었다. 전쟁은 아테네에 몹시 불리했다. 강력한 군사력을 가지고 있던 메가라와 전쟁을 하면 질 게 뻔하다고 생각한 아테네 사람들은 싸우기도 전에 전의를 잃은 상태였기 때문이다.

이 때 솔론은 아테네 시민들을 광장에 모아 놓고 자신이 쓴 시를 낭독해 주었는데, 그 시를 들은 사람들은 용기를 얻어 전쟁에서 승리할 수 있었다. 그 후 솔론은 아테네를 다스리는 집정관이 되어 사회 불안을 없애고 빈부 격차를 줄이고자 여러 가지 노력을 기울였다.

솔론은 법률이나 정치적인 제도 개선에 앞장섰을 뿐만 아니라 도량형 통일 등 여러 분야에서 다양한 활동을 펼친 개혁가였다. 솔론은 아테네 민주 정치의 기본 틀을 세운 위인으로 평가 받고 있다.

중학 사회 2
1. 유럽 세계의 형성
① 고대 지중해 세계의 형성

▲ 아테네 신전

쇼팽 (Chopin, Frédéric : 1810~1849) 피아노의 시인

중학 음악 3
서양 음악의 역사

폴란드의 작곡가이자 피아노 연주자로, 폴란드의 수도 바르샤바 근처에서 태어났다. 쇼팽의 아버지는 프랑스 어 교사였고, 어머니는 폴란드의 명문 귀족 출신이었다. 특히 어머니의 뛰어난 피아노 솜씨는 쇼팽의 음악적 재능 개발에 많은 영향을 주었다.

어려서부터 피아노를 배운 쇼팽은 7세에 작곡을 시작했고, 중학교 때는 러시아 황제 앞에서 피아노를 연주하기도 했다.

1829년 바르샤바 음악원을 졸업하고, 바르샤바에서 첫 연주회를 열어 자신이 작곡한 2곡의 피아노 협주곡을 발표했다.

1932년 파리에서의 연주회가 호평을 받으며 사교계에 발을 들여 놓았고 피아노 교습을 하여 생활도 안정되었다. 이 무렵부터 유명해지기 시작하여 리스트, 발자크, 위고, 하이네 등 이름난 예술가들과 사귀기도 했다. 1835년 이후 폐결핵에 걸려 고생을 했다.

1848년 파리에서 2월 혁명이 일어났을 때 영국으로 건너가 연주로 이름을 날렸으나 건강이 더욱 악화되어 파리로 돌아와 39세의 나이로 세상을 떠났다.

'피아노의 시인' 이라고 불리는 쇼팽이 남긴 200여 곡의 피아노 작품에는 낭만파적인 소품이 많다. 소나타 3곡, 발라드 4곡, 대규모 스케르초 4곡, 마주르카 55곡, 피아노곡 〈뱃노래〉·〈자장가〉·〈볼레로〉·〈환상곡〉 등을 남겼다.

쇼펜하우어 (Schopenhauer, Arthur : 1788~1860) 독일의 대표적인 염세주의 철학자

중학 도덕 3
2. 가정·이웃·학교 생활과 도덕
   문제
   ③ 학교 생활과 도덕 문제

독일의 단치히(지금의 폴란드 그다인스크)에서 은행가인 아버지와 작가인 어머니 사이에서 태어났다. 아버지는 그가 상인이 되길 희망했다.

1793년 단치히가 프로이센에 합병되자 함부르크로 이사했고, 15세에는 부모와 함께 전 유럽을 일주하기도 했다.

1805년에 아버지가 자살로 생을 마감한 이후 그는 1809년 괴팅겐 대학에서 자연 과학과 철학을 공부하고 1813년 예나 대학에서 철학 박사 학위를 받았다. 그 후 괴테를 알게 되었고, 동양 학자인 마이어와 사귀면서 인도 고전을 접했다.

1819년 드레스덴에서 4년 동안 노력한 끝에 〈의지와 표상으로서의 세계〉라는 책을 펴냈다. 쇼펜하우어는 이 책에서 우리를 둘러싸고 있는 시간과 공간을 그 형식으로 하는 이 세계는, 진정한 실재가 아니라 단순한 주관적 표상에 지나지 않는다고 주장했다.

1820년 베를린 대학의 강사가 되었으나 당시 헤겔의 강력한 이미지에 밀려 더 이상 강의를 하지 못하고 사임했다.

1831년 콜레라를 피해 프랑크푸르트로 옮겨 72세에 세상을 떠났다. 그의 염세주의 철학은 플라톤의 이데아론과 인도의 베다 철학에 기초하여 형성되었는데, 당시보다는 후세의 실존 철학과 심리학에 큰 영향을 주었다.

영국의 경제학자이자 철학자인 애덤 스미스는 저서 〈국부론〉으로 '경제학의 아버지'로 불린다. 세관 관리였던 아버지는 그가 태어나기 전에 세상을 떠났다. 1737년 글래스고 대학에서 철학을 배웠고, 1740년부터 옥스퍼드 대학의 베일리얼 칼리지에서 연구하다가 1751년에는 모교인 글래스고 대학의 교수가 되었다. 스미스는 여기서 논리학과 도덕 철학 강의를 맡았고, 1759년에는 〈도덕 감정의 이론〉을 펴내 전 유럽에 이름을 떨쳤다.

▲ 애덤 스미스의 묘

1764년부터는 프랑스를 여행하여 볼테르와 케네 등을 만났는데, 경제학 분야에서는 케네에게서 큰 영향을 받았다. 그 후 1776년 10여 년에 걸친 집필 끝에 경제 이론서 〈국부론〉을 펴냈다. 이 책에서 그는 이윤 추구를 목적으로 하는 개인의 '보이지 않는 손'의 작용으로 나라의 부를 증대한다는 이론에 근거하여 자유 방임 경제를 주장했다.

아일랜드 더블린에서 태어났다. 유복했으나 그가 태어나기도 전에 아버지가 죽었기 때문에 큰아버지의 손에서 자랐다. 더블린의 트리니티 칼리지를 졸업한 뒤 먼 친척이었던 정치가 템플의 비서로 일하다가 그가 죽자 아일랜드에서 교회 목사가 되었다.

그 후 정치에 뜻을 두고 이따금 런던을 왕래했고, 당시 2대 정치 세력이던 휘그 당과 토리 당 양쪽에 접근하여 자신의 정치적 의견을 쓴 팸플릿을 발표하기도 했다.

1713년 더블린의 성 패트릭 성당의 사제장을 지내기도 했다. 탁월한 정치적 식견으로 정계와 문단의 배후 실력자 역할을 해 왔으나, 1714년 앤 여왕이 죽자 당시 그의 정적이던 휘그당 세력이 압도적으로 많아져 그는 아일랜드로 낙향했다. 1730년대 말부터 정신 착란 증세가 나타나 이후로 심각한 상태가 되었다. 주요 저서로 〈걸리버 여행기〉, 〈통 이야기〉, 〈책의 전쟁〉 등이 있다.

▲ 1726년에 출간된 〈걸리버 여행기〉

스탈린 (Stalin, Joseph : 1879~1953) 러시아의 공산주의 정치가

스탈린은 그루지야 고리라는 작은 마을에서 구두 직공의 아들로 태어났다. 어려서 아버지를 잃고 홀어머니의 손에 자라야 했던 그는 티플리스 신학교에 재학 중 마르크스의 '공산주의'를 접하고 혁명가가 되기로 결심했다. '메사메 다시'라는 비밀 결사대에 가담하여 활발한 지하 활동을 했던 그는 '강철의 사나이'라는 별명을 얻기도 했다.

스탈린은 〈마르크스주의와 민족 문제〉라는 논문을 발표하여 공산주의자들의 인정을 받게 되었으며, 당시 가장 영향력 있는 지도자이자 사상가였던 레닌의 후계자가 될 수 있었다. 그 후 레닌의 정권을 이어받게 된 스탈린은 죽을 때까지 볼셰비키당의 지도자로서 권력을 유지하며 소련을 통치했다.

스탈린은 '스탈린 헌법'을 제정하여 공산주의적, 사회주의적 통치 기반을 다졌는데, 이 때 반대파를 대거 숙청하고 시민들에게 무력을 사용해 강압적으로 스탈린 헌법을 지키게 했을 뿐만 아니라, 자유 민주주의 국가인 미국과 대항함으로써 냉전 시대를 연 중심 인물이 되었다.

▲ 스탈린 초상화

스탕달 (Stendhal : 1783~1842) 〈적과 흑〉을 쓴 19세기 프랑스 소설의 거장

발자크와 함께 19세기 프랑스 소설의 2대 거장으로 꼽힌다. 본명은 마리 앙리 벨이며, 프랑스 그르노블에서 변호사의 아들로 태어났다.

그는 숭배하던 어머니가 일찍 돌아가시자 질식할 것 같은 집안 분위기에서 벗어나기 위해 17세 때 홀로 파리로 갔다. 파리에서는 사교계를 드나들며 승마와 연애, 오페라, 연극 등에 빠져들었다.

그러던 중 1801년 몰리에르만큼 유명한 극작가가 되겠다고 작정하고 희곡을 쓰기 시작했다. 그러나 그는 못생긴 외모와 궁핍한 생활, 진척되지 않는 글쓰기에 대한 강박으로 자주 우울증에 빠졌다. 이러한 열등감이 훗날 그를 위대한 작가로 만든 에너지가 되었다.

1812년 여러 잡지에 서평과 시사 평론을 기고했다. 그러던 중 현대의 진실은 소설에서밖에 표현할 수 없다고 생각하고 단편 소설 〈바니나 바니니〉를 시작으로 소설 쓰기에 몰두했다. 1830년에는 19세기 사회상을 반영하고 계급 관념을 통렬히 풍자한 장편 〈적과 흑〉을 펴냈다. 여기서 적은 군복, 흑은 성직복을 상징하는 것으로, 야심에 찼던 한 청년이 권위적인 사회 제도에 억눌려 짧은 생을 마치는 비극 소설이다.

그 후 〈파름의 수도원〉을 써 발자크의 열렬한 칭송을 받는 등 집필 활동을 계속했다. 1842년 거리에서 병으로 쓰러져 숨을 거두었다.

스티븐슨 (Stephenson, George : 1781~1848) 증기 기관차 발명자

중학 사회 2
2. 서양 근대 사회의 발전과 변화
② 시민 혁명과 시민 사회의 성립

영국 뉴캐슬 근처의 와일램에서 탄광 기계공의 아들로 태어났다. 가난해서 학교도 가지 못하고 8세 때부터 탄광에서 일해야 했다. 14세 때 이미 탄광 기관실 기계공 조수가 된 데 이어 기계공이 되어 여러 가지 기관의 기능을 잘 알게 되었다.

18세에 야학에 들어가 공부를 하기 시작했다. 21세에 결혼, 아들을 낳았으나 아내가 곧 죽자 자기 손으로 아들을 키워 대학까지 보냈다.

아들 로버트 스티븐슨은 후에 유명한 철도 교량 기술자가 되었다. 기술 감독이 된 스티븐슨은 석탄을 빠른 속도로 많이 운반할 수 있는 증기 기관을 만들 생각을 하고, 자신이 다니던 킬링워스 탄광의 사장을 설득하여 증기 기관차를 만든 뒤 '블루처'라는 이름을 붙였다.

1822년 북부 헤튼 탄광에 처음으로 철도가 만들어져 기차가 달리게 되었고, 이듬해 뉴캐슬에 세계 최초로 기관차 공장을 만들었다.

1830년 자신이 만든 로켓 호가 달릴 리버풀과 맨체스터 사이의 철도를 만들었다. 1830년대부터는 유럽의 많은 나라에 철도가 만들어지게 되었다.

▲ 스티븐슨의 증기 기관차인 로켓 호

스피노자 (Spinoza, Baruch de : 1632~1677) 네덜란드의 유대 인 철학자

중학 사회 2
2. 서양 근대 사회의 발전과 변화
① 서양 근대 사회의 시작

17세기 위대한 합리주의 사상가 중 한 사람이다. 네덜란드 암스테르담에서 포르투갈 계 유대 인 상인의 아들로 태어났다. 스피노자는 데카르트 철학에 영향을 받아 성전과 조상의 학문을 대담하게 비판했는데, 이 일로 인해 1656년 파문 선고를 받았다.

유대교 광신자가 그를 암살하려 하자 각지를 떠돌며 고립된 생활을 했다. 이 때 오히려 연구에 몰두할 수 있는 시간이 생겨 〈데카르트의 철학 원리〉 등을 저술했다.

1673년 〈신학 정치론〉을 펴냈으나 신을 모독하는 책이라는 비난을 받았다. 이 때문에 15년 동안 써서 완성한 〈에티카〉(1675년 완성, 1677년 출간)를 생전에 출간하지 못했다.

〈에티카〉에서 그는 "신은 즉 자연이다."라는 범신론적 체계로 신과 인간의 관계를 설명했다. 정신과 육체의 이원론으로 실체를 설명한 데카르트 철학에 반하여 신의 내적인 필연에 의해 모든 사물이 생겨난다는 심신 평행론을 주장했던 것이다. 이러한 그의 철학은 100년 뒤 괴테가 스피노자 철학의 진가를 인정하면서 독일 관념론에 큰 영향을 끼쳤다.

그는 평생 결혼하지 않았으며, 생전에는 명성을 떨치지 못했다. 1677년 〈국가론〉을 마지막 저작으로 남기고 폐결핵으로 죽었다.

과학 4-2
1. 동물의 생김새

과학 4-2
2. 동물의 암수

영국의 더럼에서 14형제 중 열두 번째로 태어났다. 아버지는 선박 수십 척을 가진 해운업자였으나 시턴이 6세 때 파산하여 가족 모두가 캐나다로 옮겨 갔다. 캐나다 온타리오 호수의 숲 지대에서 야생 동물들과 같이 소년 시절을 보냈다. 동물을 사랑했던 시턴은 동물학자가 되고 싶었으나 아버지의 반대로

▲ 시턴이 그린 〈늑대왕 로보〉

19세에 런던 로열 아카데미에 들어갔다. 낮에는 그림 공부를 하고 밤에는 박물학을 공부하다 과로로 병을 얻어 1881년 다시 캐나다로 돌아왔다. 형이 있던 매니토바에서 4년을 보내고, 25세에 뉴욕의 인쇄 회사 삽화가로 취직, 센추리 사전의 동물 삽화를 그렸고, 파리 살롱전에서 〈잠자는 이리〉가 입선으로 뽑혀 동물 화가로 인정 받게 되었다. 34세에 〈늑대왕 로보〉를 발표해 이름이 알려졌으며, 38세에 〈내가 아는 야생 동물〉을 발표했다.

이후에도 계속 〈동물기〉를 쓰고 동물 연구와 강연 등으로 세계적인 동물학자가 되었다. 그 밖의 저서로 자서전인 〈예술가, 동물학자의 발자국〉 등이 있다.

중학 사회 1
10. 아시아 사회의 발전과 변화
① 동아시아 문화권의 형성

성은 영, 이름은 정이다. 중국 최초의 통일 국가 진을 건국한 황제로, 전국 시대 진나라의 군주인 장양왕의 아들로 태어났다. 기원전 246년 즉위했으며, 기원전 238년 당시의 실권자 여불위를 제거했다. 그리고 재능 있는 장군과 많은 뇌물 등을 이용하여 약 16년 동안 전국 시대 한·위·초·연·제나라를 물리치고 기원전 221년 중국을 통일했다. 통일 후 자신의 업적을 기려 스스로 황제의 칭호를 사용했다.

그는 봉건제를 폐지했으며, 천하를 36개 군으로 나누고, 군 밑에 현을 두는 군현제를 실시했다. 중국 최초의 중앙 집권 체제 왕국을 건설했으며, 도량형과 화폐를 통일했다. 또한 북부 지역 소수 민족들의 침략을 막기 위해 만리장성을 축조했다.

▲ 진 시황릉의 발굴 작업

한편, 그는 자신의 정책에 대한 학자들의 비판을 막기 위해 그들의 책을 불태워 없애고 수많은 유생을 생매장해 죽인 분서갱유 사건을 일으켰다. 통일 11년 만인 기원전 210년에 죽었다.

▲ 쑨원 기념관의 쑨원 동상

광둥 성 샹산에서 가난한 농부의 아들로 태어났다. 서당에 다니다가 14세 때 하와이의 형에게로 가서 호놀룰루의 신교계 고등학교에 입학했다. 18세 때 귀국하여 세례를 받고 광저우와 홍콩의 서의서원(의학교)을 졸업한 뒤 마카오, 광저우 등에서 개업했다. 외과 수술을 잘해 병원은 날로 번창했다. 홍콩 의학교 재학 때부터 혁명에 뜻을 두어 반청 운동에 참가했으며, 수차례에 걸쳐 거병했으나 실패했다.

영문으로 〈런던 피난기〉를 발표하여 그의 이름과 중국 사정이 세상에 널리 알려졌고, 영국에 머무르는 동안 삼민주의(민족 · 민권 · 민생)를 구상했다.

1905년 러일 전쟁이 일어나자 일본 도쿄 유학생 등을 통합해 중국 혁명 동맹회를 결성하고, 반청 무장 봉기를 되풀이했다. 1911년 10월 미국에서 군자금을 모금하던 중 신해혁명 발발 사실을 알고, 열강의 원조를 기대하며 유럽을 거쳐 귀국했다. 그 뒤 임시 대총통에 추대되어 1912년 1월 1일 중화 민국을 발족시켰으나 얼마 후 군벌 세력에 밀려 정권을 위안스카이에게 넘겨 주었다.

교과서 살펴보기

중학 도덕 2
2. 바람직한 국가 · 민족 생활

중학 사회 2
3. 아시아 사회의 변화와 근대적 성장
① 동아시아의 근대적 성장

시칠리아 섬의 시라쿠사에서 천문학자 피디아스의 아들로 태어났다. 당시 문화의 중심이던 알렉산드리아의 대연구소 무세이온에서 수학자 코논에게 기하학을 배우고 시라쿠사로 돌아와 많은 책을 썼다.

지렛대의 원리 응용에 뛰어난 기술자였던 아르키메데스는 시라쿠사 왕 히에론 앞에서 "긴 지렛대와 지렛목만 있으면 지구라도 움직여 보이겠다."고 장담했다. 왕이 해변 모래톱에 올려놓은 군함에 무장병을 가득 태우고 이것을 물에 띄우라고 하자 아르키메데스는 지렛대를 응용한 도르래를 써서 이를 쉽게 해 냈다.

히에론 왕의 순금 왕관에 은이 섞였는지를 알아 내기에 골몰하던 그는 어느 날 욕조에서 넘친 물을 보고 부력의 원리를 발견했다.

흥분한 그는 옷도 입지 않은 채 목욕탕에서 뛰쳐나와 "유레카(찾았다)!"를 외쳤다. 이것이 유명한 '아르키메데스의 원리' 이다.

교과서 살펴보기

과학 6-2
6. 편리한 도구

중학 과학 2
2. 물질의 특성
② 밀도

▲ "유레카!"를 외치는 아르키메데스의 동상

플라톤과 더불어 고대 그리스를 대표하는 철학자이다. 스타기로스에서 태어났다. 17세에 아테네로 가서 플라톤이 세운 아카데메이아 학원에 들어가 플라톤이 죽을 때까지 머물면서 학문을 연구했다. 플라톤이 세상을 떠나자 여러 곳을 돌아다니며 연구를 계속하고, 제자들을 가르쳤다. 한때 왕자 시절의 알렉산더 대왕을 가르치기도 했다.

그는 기원전 335년 아테네로 돌아와 리케이온에 학원을 설립하고 학생들을 가르쳤다. 지금 남아 있는 대부분의 저술이 바로 이 시절의 강의 노트이다.

▲ 라파엘로 그림 〈아테네 학당〉에서 플라톤(왼쪽)과 아리스토텔레스

아리스토텔레스는 그 때까지의 모든 학설을 계통을 세워 정리했다. 그래서 학문의 아버지, 모든 학문은 아리스토텔레스로부터 시작된다는 평가를 받게 되었다.

스승 플라톤이 초월적인 이데아의 세계를 강조한 데 비해, 아리스토텔레스는 감각되는 자연을 인정하고, 그것을 지배하는 원리를 발견하고자 하는 보다 발전된 입장을 취했다. 저서에 〈형이상학〉, 〈정치학〉, 〈시학〉, 〈오르가논〉 등이 있다.

이탈리아 토리노에서 태어난 아보가드로는 원래 철학과 법학을 전공한 학자였다. 법률가로 일하던 아보가드로는 철학, 법학, 신학 등 인문학뿐만 아니라 수학과 물리학에도 매우 관심이 많았다.

독학으로 과학을 공부한 그는 1803년, 전기학에 관한 최초의 과학 논문을 발표하고 본격적인 과학자의 길을 걷기 시작했다. 1809년에는 베르첼리 대학 물리학 교수로 취임했고, 1820년 토리노 대학에서 이탈리아 최초의 수리 물리학 강의가 개설되자 교수에 임명되었다.

1811년 〈원소 입자의 상대 질량 및 그 화합비 결정 방식에 대한 시론〉이라는 논문을 통해 원소가 화합할 때 일정한 비율이 있다는 것을 밝혀 낸 아보가드로는 자신의 논문을 근거로 '같은 온도와 같은 압력일 때 모든 기체는 같은 부피를 가진다.' 는 아보가드로의 법칙을 주장했다.

그의 주장은 1860년대까지는 크게 주목을 받지 못했지만 독일 카를스루에에서 열린 화학자 국제 회의에서 이탈리아의 과학자 카니차로에 의해 재검토되었으며, 마침내 화학계의 중요한 법칙으로 인정 받게 되었다.

▲ 아소카 왕의 돌기둥
아소카 왕은 바른 법에 기초를 둔 정치를 할 것을 결심하여, 그 뜻을 새긴 돌기둥을 전국에 세웠다.

교과서 살펴보기

중학 사회 1
10. 아시아 사회의 발전과 변화
③ 인도와 동남 아시아의 발전

인도 마가다 국 마우리아 왕조의 세 번째 왕으로, 할아버지 찬드라 굽타 왕이 다스린 인도의 대부분과 아프가니스탄 남부에 미치는 광대한 영토를 이어받았다. 왕위에 오른 지 9년째 되는 해에 인도의 남동부 오리사 해안의 칼링가 지방을 정복했다.

하지만 아소카는 전쟁의 비극을 깨닫고, 반성하여 불교를 믿게 되었다. 그 후로는 무력에 의한 정복을 하지 않았으며, 모든 인간이 지켜야 할 윤리인 다르마(법)에 의한 정치를 이상으로 삼고 이를 실현하고자 노력했다. 그리고 백성들이 부모와 어른에게 순종하고, 살아 있는 것을 죽이지 않도록 했다.

다르마를 적극 실천하기 위해 아소카 왕은 농촌의 백성들을 주기적으로 찾아가서 그들의 고통을 구제하려고 했다.

아소카 왕이 다스리던 시기에는 불교를 비롯한 갠지스 강 유역의 발달된 문화가 다른 지방에 급속히 퍼져 문화의 발달을 촉진시켰다.

▲ 기사의 싸움을 그린 간다라 부조

교과서 살펴보기

중학 사회 2
1. 유럽 세계의 형성

본명은 가이우스 옥타비아누스이다. 아버지가 죽은 뒤 백부인 카이사르의 보호를 받았다. 기원전 44년 카이사르가 암살된 후, 그의 유언으로 후계자가 되어 로마에 가서 가이우스 율리우스 카이사르 옥타비아누스로 이름을 바꾸었다.

이듬해 안토니우스·레피두스와 제2차 삼두 정치를 시작하면서 반대파를 추방했다. 기원전 42년에는 카이사르의 암살자인 브루투스와 카시우스를 격파했다. 그리고 로마 세계를 3분하여 안토니우스는 동방을, 옥타비아누스는 서방을, 레피두스는 아프리카를 각각 다스렸다. 그러나 레피두스를 탈락시킨 후부터 안토니우스와의 대립이 극에 달했다. 기원전 31년 안토니우스와 클레오파트라의 연합군을 악티움 해전에서 격파한 후 패권을 잡았다.

옥타비아누스는 100년에 걸친 공화정 말기의 내란을 진정시킨 후 비상 대권을 원로원과 민중에게 돌려주었다.

기원전 27년, 원로원은 그에게 아우구스투스(존엄자)라는 칭호를 선사했다. 이에 아우구스투스는 공화정의 명목을 유지하면서 실질적인 제정을 시작했다. 그는 신분 질서를 다시 수립하고, 치안과 식량 문제에 마음을 써서 로마 시의 질서를 정비했다. 또한 대규모 건축 사업을 일으켜 벽돌의 도시 로마를 대리석의 도시로 바꾸었다.

아우구스투스의 41년간의 통치 동안 로마는 태평성대를 구가했다.

아우구스티누스 (Augustinus, Aurelius : 354~430) 초대 그리스도교 교회가 낳은 철학자

중학 도덕 1
1. 삶과 도덕
③ 인간다운 삶의 자세

로마의 속주 누미디아 타가스테(지금의 알제리 수크아라스)에서 태어났다. 아버지 파트리키우스는 이교도의 하급 관리였고, 어머니 모니카는 열성적인 그리스도 교도였다. 그는 카르타고 등지에서 수사학을 공부했는데, 당시로서는 최고의 교육을 받았다.

그러나 부모의 바람대로 공무원이 되지 못하고, 철학에 관심을 갖기 시작해 명상하는 삶을 더 동경하게 되었다. 마니교에서 시작된 아우구스티누스의 종교적 경험과 성찰은 후에 중세의 새로운 문화를 탄생시키는 데 커다란 영향을 끼쳤다.

아우구스티누스에 따르면 인간의 참된 행복은 신을 사랑하는 그 자체에 있다. 신을 사랑하려면 먼저 신을 알아야 함은 물론, 신이 잠재해 있는 우리의 영혼도 알아야만 한다. 그 때문에 아우구스티누스가 철학의 대상으로 특히 관심을 가졌던 것은 신과 영혼이었다.

신은 우리 영혼에 포함되어 있는 진리의 근원이므로, 신을 찾고자 한다면 바깥 세상으로 눈을 돌리는 것이 아니라 스스로의 영혼에 관심을 가져야 한다. 또 아우구스티누스는 모든 인간 행위의 원동력이 사랑임을 강조했다.

인간은 결코 사랑하지 않고는 견딜 수 없는 존재이며, 윤리적인 선악은 그 사랑이 무엇으로 향했는가에 따라 결정된다고 했다.

저서 〈고백록〉을 남기고 76세를 일기로 세상을 떠났다.

아우렐리우스 (Aurelius, Marcus : 121~180) 고대 로마의 황금 시대를 이끈 황제

▲ 마르쿠스 아우렐리우스 황제의 기마상(로마)

중학 도덕 3
1. 개인의 가치와 도덕 문제
② 인간의 삶과 가치 갈등

고대 로마의 현명한 다섯 황제 중 한 사람으로 꼽히며, 스토아 철학자이기도 하다. 121년 로마에서 태어났다.

하드리아누스 황제의 뜻에 따라 안토니누스 피우스 황제의 양자가 되었고, 140년에는 로마의 집정관이 되었다.

145년 안토니누스의 딸과 결혼한 후 161년에는 안토니누스의 뒤를 이어 로마 황제로 즉위했다. 175년에는 전 동방 속주의 총독 격이던 카시우스가 게르마니아에서 반란을 일으켜 진압에 나섰으나 카시우스는 부하에게 암살되었다. 그 후 동방의 평정과 사찰을 위해 아테네와 알렉산드리아 등을 돌아보았다.

그는 공정하고 깨끗한 정치를 추구했으나 스토아적 입장에서 그리스도교를 박해했다. 그가 전쟁을 수행하고 통치하는 동안 머릿속에 떠오른 생각을 기록한 〈명상록〉은 명저로 손꼽히는데, 스토아적 철학자의 정관과 황제의 임무라는 모순에 고민하는 인간의 모습이 그대로 담겨 있어 엄격하고도 사색적인 그의 성격을 엿볼 수 있다.

하지만 계속되는 전쟁과 속주에 대한 부담감이 커지는 등 제국에 위기가 닥쳐오자 콤모두스에게 황제의 자리를 넘겨 주었다.

아퀴나스 (Aquinas, Thomas : 1225?~1274) 이성과 신앙의 조화를 추구한 스콜라 철학자

중학 사회 2
1. 유럽 세계의 형성
② 유럽 세계의 성립과 발전

이탈리아 남부 나폴리 근처에서 태어났다. 몬테카시노의 수도원에서 교육을 받았으며, 1245년 파리 대학 내의 도미니쿠스 수도회 성직자로 들어갔다. 1252년 이후 파리 대학과 이탈리아 각지에서 신학을 가르치는 한편 저술에 힘을 기울였다.

아퀴나스는 중세 철학자를 대표하는 인물이다. 당시는 그리스도교적 전통과 신의 권위만을 강조하는 신학이 발전하고 있었다. 교육은 물론 미술, 문학에 있어서도 모든 것이 그리스도교적인 범주 안에서 발달했다. 그러나 11세기 이후 아리스토텔레스의 철학이 소개되면서 스콜라 철학이 자리잡게 되었다.

그리스도교의 사상을 학문적으로 체계화하려 한 스콜라 철학자들은 신앙과 이성의 사상적인 대립이 심했다. 이성보다는 신앙이 우선한다는 의견과, 맹목적인 신앙보다는 이성을 중시하는 의견이 대립했는데, 아퀴나스는 이 두 견해의 조화를 꾀했다.

그의 대표적인 저서 〈신학 대전〉에는 그리스도교의 교리를 철학적으로 이해하고, 그리스도교의 신앙을 이성과 조화시켜 신학의 과학성을 강조한 그의 사상이 담겨 있다. 현대 로마 가톨릭 신학자들 가운데 아퀴나스의 견해에 동의하지 않는 사람들도 많지만, 교회는 그를 가장 뛰어난 철학자이자 신학자로 평가한다.

저서로 〈이단 논박 대전〉, 〈진리에 대하여〉, 〈신의 능력에 대하여〉 등이 있다.

에라스무스 (Erasmus, Desiderius : 1469~1536) 16세기 최고의 인문주의자

중학 사회 2
2. 서양 근대 사회의 발전과 변화
① 서양 근대 사회의 시작

네덜란드 로테르담에서 태어났다. 수도원에 들어가 가톨릭 수사 수업을 받던 중 배움에 대한 열망으로 파리 대학에 들어가 고전 라틴 문예 연구에 몰두했다.

1499년 영국에서 인문학자 토머스 모어를 만난 이후 그리스 어 공부를 하면서 성서를 연구했다. 1511년 철학자와 신학자의 공허한 논쟁과 성직자의 위선 등을 날카롭게 풍자한 〈우신 예찬〉을 썼다. 〈격언집〉 등의 저서에서도 그리스도교 사회의 죄악, 즉 개인적인 야망을 추구하는 교황과 군주, 설교사들을 용기 있게 비판했다. 그 죄악을 없애기 위해 그는 그리스도의 철학에 바탕을 둔 교육을 해야 한다고 주장했다. 이러한 내용을 담아 1516년 〈그리스도교 군주의 교육〉을 썼다. 가톨릭 교회가 사용하는 라틴 어 성서에 의문을 품고 〈신약 성서〉를 그리스 어로 번역하기도 했다.

가톨릭 교회의 폐단을 비판하고 성서의 복음 정신으로 돌아갈 것을 주장한 에라스무스의 영향으로 당시 많은 종교 개혁가가 나왔다. 그러나 에라스무스는 평생 가톨릭 신앙에 대한 믿음을 버리지 않았다.

루터의 종교 개혁 운동이 거세졌을 때에도 그는 신앙에 반역하는 행동은 옳지 않다고 보고 루터와 함께 행동하기를 거부했다. 이러한 그의 사상적 태도는 전 유럽에 미쳐 16세기 문화 사상 가장 위대한 인문주의자로 꼽히고 있다.

교과서 살펴보기

중학 과학 2
3. 지구와 별
① 지구의 모양과 크기

아프리카 북부 리비아의 키레네 지방에서 태어났다. 젊은 시절은 주로 아테네에서 보냈으며, 수학·천문학·지리학·철학 등 거의 모든 학문에서 탁월한 재능을 보였다. 40세 무렵 당시 세계 문화의 중심지였던 알렉산드리아의 대학 도서관장을 지냈다.

도서관에 근무하는 동안 그는 사람들이 발을 딛고 선 땅에 대한 궁금증을 해결하기 위하여 방대한 자료를 섭렵했다.

그리하여 지리학사와 수리 지리학 등 지리에 관한 모든 것을 집약해 놓은 저서 〈지리학〉을 3권으로 발간했다. 이 과정에서 그는 세계 최초로 지구의 둘레를 계산하여 사람들을 놀라게 했다. 그가 구한 지구의 둘레는 약 4만 5천 킬로미터로, 오늘날 천문학자들이 인정하는 값과 0.5~17퍼센트의 오차밖에 나지 않는다. 지리상의 위치를 위도와 경도로 표시한 것도 그가 처음이었다.

수학 분야에서는 어떤 수보다 작은 모든 소수를 얻는 방법을 발견했다. 그 방법을 그는 '체'라고 불렀다. 또 그는 윤년이 함께 나타나 있는 달력을 만들기도 했다. 지리학에서는 아낙시만드로스와 헤카타이오스의 전통을 이어 지도를 작성하고 대지를 7개의 띠로 분할했다. 그 밖에 천문학에서 영감을 받은 시와 희곡 및 윤리에 대한 작품 외에 사학이나 언어학에 관한 저술도 남겼다.

교과서 살펴보기

중학 사회 2
2. 서양 근대 사회의 발전과 변화
① 서양 근대 사회의 시작

헨리 8세의 왕녀로 태어나 1558년에 왕위에 올랐다. 국내에서는 영국 국교회를 확립해 그리스도 교도를 통합했으며, 빈민을 구제하여 사회를 안정시켰다. 국외에서는 에스파냐의 무적 함대를 격파하고 해상권을 차지했다. 또 해외 식민지를 개척하여 해외 발전의 토대를 마련하는 등 영국의 번영된 시대를 이끌었다.

이른바 '엘리자베스 시대'라고 불리는 그녀의 통치기에 영국은 정치와 상업 및 예술 분야에서 유럽 열강의 지위로 발돋움했다.

왕국은 심각한 내분에 시달렸지만, 엘리자베스는 현명하고 용감하며 당당하게 국민들의 충성심을 이끌어 내는 한편, 외적에 맞서 나라를 통합하는 데 이바지했다.

▲ 영국의 역대 왕들이 살았던 윈저 성

프로이센에서 부유한 공장주의 장남으로 태어났다. 가업인 브레멘의 회사에서 견습 사원으로 일하는 틈틈이 시와 평론 등을 써서 발표했다. 1841년에는 베를린에서 군 복무를 하면서 베를린 대학의 강의를 들었다. 1842년 제대 후 쾰른의 〈라인 신문〉 편집실에서 마르크스를 만나게 되었다.

엥겔스는 영국에서 사업을 하면서 자본주의 연구에 관심을 가졌다. 1844년에는 마르크스와 루게가 발간하는 〈독일 프랑스 연보〉에 〈국민 경제학 비판 대강〉이라는 논문을 기고했다. 이 글에서 과학적 사회주의의 초기 해석과 자유주의 경제 이론의 모순점을 분석하여 마르크스에게 인정을 받았다.

1845년 마르크스와 함께 〈독일 이데올로기〉를 집필하는 등 마르크스주의의 철학적 기초를 확립했다. 1848년 엥겔스와 마르크스는 과학적 사회주의의 원리를 간결하고 논리적으로 기술한 〈공산당 선언〉을 발표했다.

그 후 프랑스의 2월 혁명과 독일 혁명을 이끌었다. 1849년 혁명이 실패로 돌아가자 런던으로 망명하여 사업을 하며 마르크스의 활동을 지원했다.

1883년 마르크스의 유고를 정리해 〈자본론〉 2 · 3권을 편집하는 한편 국제 노동자 협회의 지도자로서 노동 운동의 발전에 앞장섰다.

교과서 살펴보기

중학 사회 2
2. 서양 근대 사회의 발전과 변화
③ 자유주의와 민족주의의 발전

명나라를 세운 태조 홍무제의 넷째 아들이다. 아버지가 죽고 조카인 건문제가 즉위하자 반란을 일으켜 왕위에 오른 뒤 수도를 베이징으로 옮겼다.

왕이 된 그는 자신의 권력에 방해되는 건문제의 측근과 그들의 친척들까지 숙청했는데, 이 일은 끝내 후세의 비난을 받았다.

영락제는 22년에 걸친 대외 정책으로 중국 역사상 최고의 융성기를 누렸다. 그는 한인 황제로는 유일하게 스스로 대군을 이끌고 다섯 차례나 몽골을 정벌했다. 서남 지역으로는 티베트에서 조공을 받고, 남쪽으로는 아프리카 동해안까지 그 세력을 확장했으며, 일본에도 세력을 뻗쳤다. 무역이나 조공 관계를 통해 명나라는 동아시아의 국제 질서를 주름잡는 강대한 국가가 되었고, 그 중심에는 영락제가 있었다. 그리하여 그는 중국 최고의 군인 제왕이라는 평을 받았다.

국내에서는 문화 정책에 힘써 중국 최대의 유서(백과사전) 〈영락 대전〉을 비롯한 〈사서 대전〉, 〈오경 대전〉, 〈성리 대전〉을 편찬했다. 영락제 재위 당시 환관이 대두하기 시작했으며, 그것은 훗날 명나라의 정치에 큰 영향을 끼쳤다.

대외 활동에 정열을 쏟던 그는 결국 1424년 제5차 몽골 정벌에서 돌아오던 중 병에 걸려 목숨을 잃었다.

교과서 살펴보기

중학 사회 1
10. 아시아 사회의 발전과 변화
② 동아시아 전통 사회의 발전과 변화

중학 사회 2
2. 서양 근대 사회의 발전과 변화
② 시민 혁명과 시민 사회의 성립

스코틀랜드의 작은 항구 도시인 그리녹에서 목수의 아들로 태어났다. 어릴 때에는 몸이 약해 학교도 늦게 들어갔으며, 울기를 잘해 아이들에게 놀림거리가 되었다. 그래서 집 안에 틀어박혀 책 읽기를 좋아했고, 기계 모형을 만드는 일에 흥미를 갖게 되었다. 어머니가 돌아가시고 집안이 어려워지자 글래스고로 가서 안경점 점원으로 일했고, 1755년 런던으로 가 기계 견습공이 되었다.

1763년 최초 발명인 투시 화법기를 만들어 낼 때까지 블랙, 로벅 등의 과학자들과 교유했다.

1769년 로벅의 도움을 받아 대기의 압력 대신 증기의 힘으로 피스톤을 움직일 수 있는 증기 기관에 관한 최초의 특허를 받았다. 1776년 3월 8일 버밍엄 근처 블룸필드 탄광에는 와트의 개량 엔진 실험을 보려고 많은 사람들이 모여들었다. 물이 끓기 시작하자 엔진은 규칙적으로 움직이기 시작했다. 와트가 발명한 이 증기 기관은 동력으로 쓰여 영국의 산업 혁명을 촉진시켰다.

▲ 와트가 발명한 증기 기관

중학 과학 3
8. 유전과 진화

미국 시카고에서 태어나 겨우 15세에 시카고 대학에 입학하여 4년 뒤 졸업했다.

코펜하겐 대학에서 연구 생활을 한 뒤, 1951년부터 3년간 케임브리지 대학의 캐번디시 연구소에서 DNA(유전자의 본체)에 대해 연구했다.

1953년 DNA의 필수 구성 요소인 4개의 유기 염기가 정확한 쌍을 이루어 연결되어 있음을 발견했다. 이로 인해 왓슨은 생물학자 크릭과 함께 분자 모형을 만들 수 있었다. 이들의 분자 모형으로 유전자와 염색체가 어떻게 자신을 복제하는지 알려지게 되면서 유전학 연구에 큰 발전을 가져왔다.

1953년에서 1955년까지 캘리포니아 공대 생물학 주임 연구원으로 근무했으며, 1956년에서 1976년까지 하버드 대학에서 생물학을 가르쳤다. 1962년 크릭·윌킨스와 함께 DNA의 분자 구조 해명과 유전 정보 전달에 관한 연구로 노벨 생리·의학상을 받았다.

이들의 업적은 생물 현상 중에서도 가장 기본적이라 할 수 있는 유전을 분자 생물학적으로 해명한 것이다. 이러한 성과는 20세기 과학 분야의 최대 업적 중 하나로 평가된다.

1965년 왓슨은 현대 생물학 교과서로 가장 널리 사용되는 〈유전자에 대한 분자 생물학〉을 펴냈다. 3년 뒤 분자 생물학 연구의 중심인 뉴욕의 콜드스프링하버 연구소의 생물학 실험실 실장이 되어 암 연구에 몰두했다. 1981년 왕립 학회의 명예 회원이 되었다.

자는 개보, 호는 반산이다. 후에 형국공이 되어 형공이라고도 불린다. 중국 장시 성 린촨의 명문 집안에서 태어났다. 1042년에 진사 출신으로 강남 지역의 지방관으로 근무했고, 때마침 정치의 일대 쇄신과 개혁을 갈망하던 황제 신종에게 발탁되어 역사적으로 유명한 파격적인 개혁 정책을 실시하게 되었다.

왕안석은 1069년 참지정사에 임명되어 국정 전반을 관장하게 되자 한기, 사마광 등 기존 권신들을 축출하고 이재에 능한 강남 출신 신진 관료들을 대거 발탁, 기용했다. 그리고 국가 재정의 확보와 국가 행정의 효율성 증대를 목적으로 농전 수리 정책, 청묘법, 시역법, 모역법, 보갑법과 보마법 등의 정책을 실시했다.

이러한 왕안석의 부국 강병책을 신법이라고 한다. 왕안석의 신법은 1085년 신종이 죽은 후 사마광이 재상이 되어 모두 없애 버렸다. 왕안석은 유학자, 문장가로도 유명해 당송 8대가의 한 사람으로 꼽힌다.

▲ 송대의 사대부들이 널리 애용했던 도자기 베개

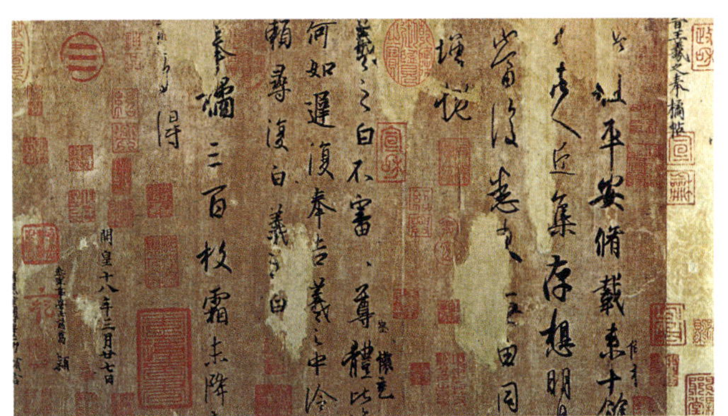

▲ 왕희지의 글씨

'서성' 으로 일컬어지는 중국 최고의 서예가로 산둥 성 린이 현에서 태어났다. 자는 일소이고, 우군 장군이라는 벼슬을 해서 왕우군이라고도 한다. 왕희지는 7세 때 당시 유명한 서예가이던 위삭을 스승으로 모시고 서예를 배웠으며, 12세에 스승을 능가할 정도가 되었다. 그는 일찍이 시끄러운 속세를 떠나 살 것을 꿈꾸다가 355년 벼슬을 그만두고 경치 좋은 곳에 머물며 글을 쓰고 벗들과 교유하며 지냈다.

서예 기교를 연마하기 위하여 그는 산을 넘고 강을 건너 고대 서예가들의 작품을 찾아다녔다. 마음에 드는 작품을 발견하면 자세히 연구하고 모사하기를 반복했다. 353년 늦봄에 문사 42명이 난정에 모여 시를 짓고 술을 즐겼다. 이 때 그들의 시를 묶고 왕희지가 서문을 썼는데, 이것이 바로 후대에 걸작으로 칭송 받은 〈난정서〉이다. 왕희지는 특히 예서에 능했으며, 한대에 싹이 튼 해서 · 행서 · 초서의 실용 서체를 예술적인 서체로까지 승화시켰다. 또한 막내아들 왕헌지도 서예가로 이름이 높았는데, 그들은 살아서도 인기가 있었지만 죽은 후 더욱 높게 평가를 받았다. 오늘날 그의 친필은 전하지 않고 〈난정서〉, 〈십칠첩〉, 〈집왕성 교서〉 등의 탁본이 전한다.

워싱턴 (Washington, George : 1732~1799) 미국의 초대 대통령

중학 도덕 1
2. 가정·이웃·학교 생활 예절
④ 학교 생활 예절

중학 사회 2
2. 서양 근대 사회의 발전과 변화
② 시민 혁명과 시민 사회의 성립

버지니아 주 웨스트모얼랜드에서 부유한 지주의 아들로 태어났다. 그는 1754년 프랑스에 대항한 9년 전쟁, 즉 프렌치·인디언 전쟁이 일어나자 민병대를 이끌고 참가, 영국군 사령관의 참모로 활약하여 대령으로 진급했고, 피츠버그 요새를 함락시켰다. 그 후 영국이 많은 군사비로 인해 식민지 미국에 무거운 세금을 물리자 크게 반발했다.

버지니아 의회 의원으로서 영국이 새로 부과한 세금 반대를 관철시켰으며, 1769년 타운센드 법을 반대하다 의회가 해산당하자 영국 상품 불매 동맹을 결성했다. 1774년 제1회 대륙 회의에, 1775년 제2회 대륙 회의에 버지니아의 대표로 참석하고, 이 회의에서 무력 항쟁이 결의되자 그는 독립 혁명군 총사령관에 임명되었다. 1781년 10월 프랑스군의 원조를 받아 요크타운 전투에서 결정적인 승리를 거두고 독립 전쟁을 승리로 이끌었다. 1787년 헌법 제정 회의에서 제정된 새로운 연방 헌법에 의해 1789년 미국 초대 대통령으로 당선되었다.

▲ 워싱턴 동상

위고 (Hugo, Victor-Marie : 1802~1885) 프랑스 낭만주의 문학의 거장

국어 읽기 6-1
국어 교실 함께 가꾸기

프랑스의 브장송에서 태어났다. 아버지는 나폴레옹 휘하의 장군이었고, 어머니는 왕당파 집안의 출신이었다. 위고는 아버지를 따라 코르시카, 이탈리아, 에스파냐 등지로 떠돌아다니면서 살았다.

아버지는 그가 군인이 되기를 희망했으나, 그는 문학에 흥미를 가졌다. 1817년 아카데미 프랑세즈의 콩쿠르와 1819년 투르즈의 아카데미 콩쿠르에서 시로 상을 받았다.

희곡 〈크롬웰〉 등을 발표하면서부터 그는 사실상 낭만주의자들의 지도자가 되었다. 1830년에는 희곡 〈에르나니〉의 상연을 계기로 고전주의 지지파와 격렬한 투쟁을 벌여 승리를 거두었다. 1931년에는 소설 〈노트르담의 꼽추〉를 발표했다.

1848년 2월 혁명 이후에는 공화주의에 기울어, 1851년에 루이 나폴레옹(나폴레옹 3세)이 쿠데타로 제정을 수립하려고 하자 이를 반대했다. 결국 망명 길에 올라 벨기에를 거쳐 영국 해협의 저지 섬과 간디 섬에서 19년 동안 머물렀다. 이 때 장편 소설 〈레 미제라블〉, 〈바다의 노동자〉, 〈웃는 사나이〉 등을 집필했다.

망명에서 돌아온 후에도 상황은 나아지지 않았다. 아내와 아들들을 잃었고, 정치적 이상을 위해 싸우다가 또다시 외국으로 떠나야 했던 것이다. 원고의 출판을 위해 준비하다가 1885년 눈을 감았다.

▲ 유방이 항우에 앞서 입성하는 장면인
〈한 고조 입관도〉

교과서 살펴보기

중학 사회 1
10. 아시아 사회의 발전과 변화
① 동아시아 문화권의 형성

자는 유계, 묘호는 고조이다. 장쑤 성에서 농부의 아들로 태어났다. 1911년까지 유지된 중국 황제 제도의 특징은 유방의 황제 재임 시기에 갖추어졌다.

중국을 처음으로 통일한 진나라의 시황제가 죽은 다음, 항우는 모반을 일으켜 진의 군대를 쳐부수고 많은 옛 귀족들을 복권시켰다. 그 때 주요 반군 지도자였던 유방은 지금의 쓰촨 성과 산시 성 남쪽, 즉 중국 서부 지역의 제후인 한왕(漢王)으로 봉해졌다.

항우는 군사적으로는 뛰어났지만 정치적인 면에서는 고지식하여 유방과 항우는 곧 적대관계가 되었다. 4년간에 걸친 대결에서 유방은 소하, 조참, 장양, 한신 등의 도움으로 항우를 크게 물리치고 천하 통일을 이루었다. 기원전 202년, 유방은 황제에 오른 후 나라 이름을 한이라 하고 수도를 창안으로 정했다.

한나라의 통치 체제는, 관제는 진나라의 제도를 그대로 따랐고, 지방 통치 제도는 군현제와 봉건제를 병용한 군국제였다. 유방은 한나라 건국에 큰 공을 세운 부하 장수들과 친인척들을 제후왕, 열후로 봉해 각지에 내보냈다.

그러나 가장 공이 컸던 한신, 팽월, 영포 등의 공신 제후들을 모두 처형하고 제후왕은 한나라의 일족으로 제한한다는 규정을 만들어 왕조의 기초를 굳건히 했다. 흉노에 대해서는 화친 정책을 기본으로 삼았다.

교과서 살펴보기

중학 사회 1
10. 아시아 사회의 발전과 변화
② 동아시아 전통 사회의 발전과
변화

자는 현덕이다. 전한의 황족 후손으로 허베이 성에서 태어났다. 일찍 아버지를 여의고 신발, 돗자리를 팔아 생계를 잇는 어려운 환경에서 자랐다. 키가 7척에 팔이 무릎 밑까지 내려왔으며 귀도 매우 커서 자기가 볼 수 있을 정도였다고 한다.

15세에 노식에게 글을 배웠으나 학문을 즐겨하지 않고 호협들과 교유하는 한편, 관우 · 장비와 의형제를 맺었다. 황건적의 난이 일어나자 무리를 모아 토벌에 참가하여 벼슬길에 올랐으며, 그 뒤 공손찬에게 의탁하여 원소와의 대전에서 공을 세웠다. 조조와 서주목 도겸과의 대전에서 도겸을 도왔으므로, 도겸이 죽자 서주목이 되었다.

196년 원술로부터 공격을 받자 조조의 구원으로 원술을 물리치고 조조에게 의탁했다. 그러나 조조 모살 계획에 참가했다가 이 계획이 누설되자 하비로 도망갔다. 그 후 삼고초려로 제갈량을 맞아들여 형주에서 기반을 구축했으며, 손권과 동맹하여 적벽 전투에서 조조를 대파했다.

얼마 후 유비는 한중왕이 되었으며, 220년 조비가 위의 황제가 되자, 이듬해 그도 한의 정통을 계승한다는 명분으로 황제 자리에 오르고 나라 이름을 촉한이라 했다. 이듬해 형주의 탈환과 관우의 복수를 위해 오나라를 공격했으나, 이릉의 싸움에서 대패하여 뒷일을 제갈량에게 부탁하고 병으로 죽었다.

중학 수학
실수와 그 계산

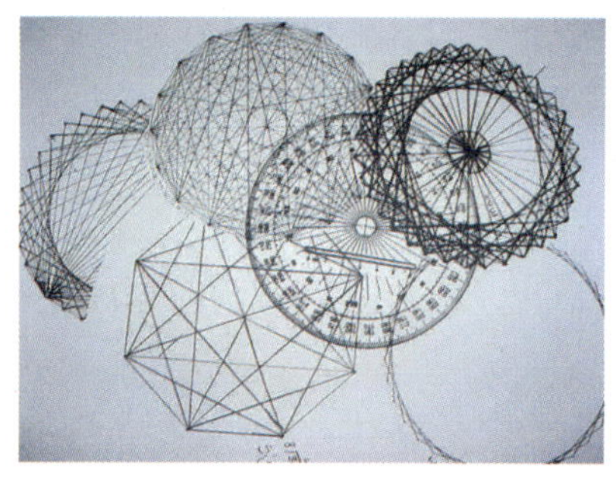

▲ 유클리드의 기하학

유클리드의 삶에 관해서는 프톨레마이오스 1세 때 알렉산드리아에서 수학을 가르쳤다는 것 외에는 확실한 것이 없다.

유클리드는 '유클리드 기하학' 이라는 그리스 기하학의 대성자이다. 13권으로 이루어진 그의 저서 〈기하학 원본〉은 플라톤 등 선배들의 수학론을 기초로 한 것이다.

그는 책 내용의 배열을 바꾸고, 명제들을 재구분했으며, 새로운 증명들을 적용해 넣었다. 그리하여 수학(기하학)의 업적을 집성했으며 엄밀한 이론 체계를 구성했다.

그 후 유클리드라 하면 기하학과 동의어로 사용될 정도에 이르렀으며, 〈기하학 원본〉은 근세까지 교과서로 사용되었다.

〈기하학 원본〉의 1~6권은 삼각형 · 평행선 · 직사각형 등 평면 기하학을 다루고 있으며, 7~9권은 유리수론 · 급수 · 비례수, 10권은 무리수론, 11~13권은 입체 기하학을 다루고 있다. 특히 정의 · 공통 개념 · 명제 등으로 이루어진 논리적 구성은 수학 발전에 커다란 공헌을 했다.

중학 사회 2
4. 개인과 사회의 발전
① 인간의 사회적 성장

스위스 북부 바젤에서 목사의 아들로 태어났다. 어린 시절, 상상력이 풍부하고 주위 사람들의 행동을 유심히 살피고 분석하길 좋아했다.

대학에서 의학을 공부하고 1900년부터 취리히 대학 부설 부르크횔츨리 정신 병원에서 일하며 심리학 연구에 몰두했다.

융은 어떤 자극어에 대한 환자의 독특한 반응이 정서적인 내용이 포함된 일련의 연상 때문에 일어난다는 사실을 발견했다. 이 연상들은 불쾌하고 비도덕적인 내용이어서 의식에서 감추어지는데, 이러한 상태를 그는 '콤플렉스' 라 이름했다.

이 같은 연구로 국제적인 명성을 얻은 융은 1908년 오스트리아의 잘츠부르크에서 개최된 최초의 국제 정신 분석학회 제창자가 되었다.

1907~1912년에는 정신 분석학의 창시자 프로이트와 함께 공동 연구를 수행했다. 그러던 중 그는 '리비도' 라는 개념을 성적인 것이 아니라 일반적인 에너지라고 주장하여 프로이트와 대립했다.

결국 1914년 정신 분석학회를 탈퇴하고, 그 후 자신의 심리학(분석 심리학)을 수립하는 데 노력했다. 그의 심리학 중 손꼽을 만한 공헌은 인간의 행동을 '내향형' 과 '외향형' 으로 나눈 것이라 할 수 있다. 말년에 융은 취리히의 호숫가에서 전원 생활을 누리다 세상을 떠났다.

이백 (李白 : 701~762) 당나라의 시선

자는 태백, 호는 청련거사이다. 두보와 함께 중국의 최고 시인으로 칭송 받으며, 지금까지 1100여 편의 작품이 전한다. 이백의 집안은 간쑤 성 룽시 현에 살았으며, 아버지는 서역의 상인이었다고 한다.

남성적이고 용감한 것을 좋아한 이백은 25세 때 촉나라를 떠나 양쯔 강을 따라서 장난, 산둥, 산시 등지를 떠돌며 한평생을 보냈다. 젊어서 도교에 심취했던 그는 산중에서 지낸 적도 많았다. 두보 등 많은 시인과 교류했으며, 그의 발자취는 중국 각지에 닿지 않은 곳이 없을 정도였다.

43세경 현종의 부름을 받아 한림공봉이 되어 정치적 포부를 실현하려 했으나 자유분방한 성격은 궁정 분위기와 맞아 술에 빠져 지냈고, 무례한 태도 때문에 신하들의 미움을 받아 마침내 궁정에서 쫓겨났다.

그 후 허난으로 향하여 뤄양, 카이펑, 금릉, 쉬안청 사이를 방랑했으나 노쇠한 탓으로 당도의 친척 이양빙에게 몸을 의지하다가 그 곳에서 병사했다.

두보가 언제나 인간으로서 성실하게 살고자 한 데 비하여, 이백은 오히려 인간을 초월하고 인간의 자유를 비상하는 방향을 취했다.

그래서 이백의 작품은 이별과 자연을 제재로 한 것이 많다.

이세민 (李世民 : 598~649) 당나라의 기틀을 닦은 황제

아버지는 당나라를 세운 이연이다. 천성이 총명하고 사려가 깊었으며, 무술·병법에 뛰어난 동시에 결단력과 포용력도 갖추고 있어서 소년 시절부터 사람들의 신망이 두터웠다.

수나라 양제의 폭정으로 내란이 일어날 조짐이 보이자 타이위안 방면 군사령관이었던 아버지를 설득하여 군사를 일으켜 장안을 점령하고 당나라를 세웠다.

그 뒤 군웅을 평정하고 국내 통일을 실현시킨 것은 20세 안팎인 그가 한 일이었으며, 626년 아버지의 뒤를 이어 황제에 즉위했다.

이어서 돌궐을 비롯한 이민족을 제압하고 여러 민족의 추장들로부터 천가한의 존호를 받았다. 이로써 당나라는 한족과 이민족을 모두 포용하는 세계 제국이 되었다. 양제의 실패를 거울삼아 명신 위징 등의 의견을 받아들여 백성을 불쌍히 여기는 공정한 정치를 하기에 힘써서 그의 치세는 '정관의 치' 라 칭송 받았고, 후세 제왕의 모범이 되었다.

그는 학문과 문화의 애호자이기도 하여 전대의 각 왕조사와 〈오경정의〉의 편찬을 명했고, 사서의 일부는 직접 집필했다.

왕희지의 글씨를 특히 사랑했고, 그 자신도 유려한 필적을 남겼다. 그러나 만년의 고구려 정벌 실패 등으로 그가 죽은 뒤에는 정권이 동요했으며, 마침내 측천무후가 실권을 장악하게 되었다.

▲ 화가 벨라스케스가 그린 이솝

국어 읽기 2-2
2. 이야기가 재미있어요

중학 국어 1-1
3. 문학과 의사 소통
① 스스로 터득한 지혜

중학 도덕 1
1. 삶과 도덕
③ 인간다운 삶의 자세

이솝은 〈이솝 우화집〉의 저자로 잘 알려져 있는 전설적인 인물이며 그리스 식 이름은 아이소포스(Aisopos)이다. 헤로도토스에 따르면 이솝은 기원전 6세기 사람으로 사모스의 시민 이아드몬의 노예였으며, 델포이에서 그 곳 사람들의 손에 불의의 죽음을 당했다고 한다. 아리스토파네스는 이솝이 사원에서 식기를 훔치다가 고발되었다고 하고, 플루타르코스는 이솝이 델포이 인들을 모욕하여 그들이 이솝에게 성신 모독죄를 뒤집어씌워 바위에 내동댕이쳐 죽였다고 한다. 번뜩이는 재치를 가졌으나 외모는 추악하고 말더듬이였다거나 그가 실제 인물이 아닌 가상의 인물이라는 주장도 있는 등 그에 관한 수많은 추측과 기록이 난무하지만 증거가 충분하지 않아 그 진위를 밝히기 어렵다.

〈이솝 우화집〉은 이솝이 썼다고 알려진 우화를 모은 것으로, 1484년 윌리엄 캑스턴이 영역판을 낸 이래 17세기 프랑스 시인 라 퐁텐 등 수많은 작가들에게 영감을 주었고, 지금까지도 전세계 어린이들에게 가장 많이 읽히는 책이다. 늦잠을 자다가 경주에 진 토끼와 거북이, 나그네의 옷 벗기기를 겨루는 태양과 삭풍, 사자의 은혜를 갚아 주는 생쥐 등 주변에서 흔히 볼 수 있는 동물이나 자연물을 등장시켜 우리 인간의 어리석고 나약한 모습을 돌아보고 깨닫게 한다. 주요 작품에 〈양치기 소년〉, 〈여우와 포도송이〉, 〈황금 알을 낳는 거위〉, 〈여우와 황새〉, 〈배 터진 개구리〉, 〈개미와 베짱이〉, 〈시골 쥐와 서울 쥐〉 등이 있다.

사회과 탐구 6-1
3. 대한 민국의 발전
① 나라를 되찾기 위한 노력

중학 국사
8. 주권 수호 운동의 전개
② 일제의 침략과 의병 전쟁

일본 야마구치 현에서 태어났으며, 막부 정권의 몰락과 서양 세력의 등장으로 혼란스러운 사회 분위기에서 자랐다. 요시다 쇼인의 문하에서 배우고 존왕양이 운동(일본 에도 시대 말기 막부를 타도하고 외세를 배격하고자 한 정치 운동)에 적극 참여했다.

영국 유학에서 돌아와 막부 타도 운동을 했고, 메이지 신정부 성립 후 정계에 입문했다. 1881년 정변으로 오쿠마 시게노부를 몰아 내고 제국 헌법을 제정, 메이지 정권의 최고 지도자가 되었다.

1885년 내각제를 창설하고 초대 내각 총리 대신과 귀족원 의장을 지냈다. 1888년에는 추밀원 의장에 취임했다. 1905년 러·일 전쟁 후 고종을 위협해 을사조약을 체결했으며, 그 후 조선에 통감부가 설치되자 초대 통감으로 부임하여 한일 병합의 기초 공작을 수행했다. 1909년에는 통감직을 사임하고 추밀원 의장이 되었다.

이 때 만주 시찰을 겸하여 러시아 재무 대신과 교섭을 위한 여행을 하던 도중 중국 하얼빈에서 안중근이 쏜 총에 맞아 죽었다.

그는 현대 일본의 기초를 세운 인물이다. 그 중 메이지 헌법의 초안 작성과 양원제 의회를 확립한 것이 가장 큰 공로로 인정된다. 특히 실행 가능한 헌법 체계를 만든 것은 일본의 평화로운 정치적 변혁을 꾀하는 데 든든한 뒷받침이 되었다.

중학 사회 2
1. 유럽 세계의 형성
③ 중세 유럽의 변화

로렌과 샹파뉴 사이에 있는 동레미라퓌셀의 독실한 기독교 가정에서 태어났다. 1429년 어느 날 "프랑스를 구하라."는 신의 음성을 듣고 싸움터에 나갈 결심을 하고 말 타는 법과 칼 쓰는 법을 익혔다.

그런 다음 남자처럼 꾸미고 샤를 왕세자(뒷날의 샤를 7세)를 찾아갔다. 당시 프랑스 북부는 영국군 및 영국에 협력하는 부르고뉴파 군대가 점령하고 있었고, 프랑스의 왕위도 1420년의 트루아 조약에 따라 샤를 6세 사후에는 영국 왕 헨리 5세가, 또 그의 사후에는 그의 아들 헨리 6세가 계승하도록 되어 있었다.

잔 다르크는 군사를 이끌고 나가 영국군을 격파하여 오를레앙을 해방시킨 데 이어 각지에서 영국군을 무찔렀다.

랭스까지 진격한 잔 다르크는 그 곳 성당에서 전통적인 전례에 따라 샤를 7세의 대관식을 거행하도록 했다.

1430년 부르고뉴파 군사에게 사로잡혀 영국군에게 넘겨졌고, 이듬해 재판에서 마녀로 낙인 찍혀 이단 선고를 받고 루앙에서 화형당했다. 훗날 샤를 7세는 잔 다르크의 명예를 회복시켰고, 1920년 교황은 그녀를 성녀로 추증했다.

지금도 그녀는 프랑스의 영웅으로 추앙받고 있다.

중학 도덕 3
1. 개인의 가치와 도덕 문제
② 인간의 삶과 가치 갈등

도교 사상을 대표하는 중국 전국 시대의 사상가이다.

성은 장이며 이름은 주이다. 송나라 몽읍에서 태어났으며, 맹자와 거의 같은 시대에 활동한 것으로 전한다.

관직보다는 저술에 힘을 쏟아 평생 동안 10여만 자에 이르는 글을 썼다. 저서인 〈장자〉는 원래 52편이었다고 하는데, 현재 전하는 것은 진나라 곽상의 것으로 전체 33편으로 되어 있다.

장자는 노자와 마찬가지로 도를 천지 만물의 근본 원리로 보았다. 이러한 도교 사상은 천지 자연을 있는 그대로 인식하면서 운명에 따라 모든 일에 대처하는 것을 진정한 삶의 행복으로 본다.

특히 장자는 말로써 가르치거나 배울 수 있는 도는 진정한 도가 아니라고 설파했다. 도는 시작도 끝도 없이 영원히 흘러가는 것이며, 도 안에서는 좋은 것과 나쁜 것, 선한 것과 악한 것도 없다고 했다. 따라서 사람은 환경이나 인습, 욕망 등의 집착에서 벗어나 자유로워져야 함을 주장했다.

집착을 경계하는 장자의 초탈 사상은 자연주의 문학에도 많은 영향을 미쳤다.

우리 나라에서는 조선 전기에 이단으로 배척 받기도 했으나 산림의 선비들과 문인들이 그 문장을 애독했다.

저장 성 펑화 현에서 태어났다. 일본 유학 시절에 만난 동료들의 영향으로 혁명가로 변모했다. 1911년 신해혁명에 가담했으며, 1918년 국민당의 지도자 쑨원의 휘하에 들어가 1925년 쑨원이 죽자 국민 혁명군 총사령관이 되었다.

1927년 상하이에서 쿠데타를 일으켜 공산당을 탄압하고 난징 정부를 세웠다. 주석과 육·해·공군 총사령관이 되어 당과 정부의 지배권을 확립한 그는 이 때부터 철저히 자본 계급의 입장에서 공산당을 탄압했다. 1930년대 들어 5회에 걸쳐 수행된 대규모 공산당 포위전은 큰 성과를 거두었다.

그러나 만주 사변 후 일본의 침략에 대해 중국 인민들의 불안이 높아진 가운데 공산당 탄압에만 열을 올리던 장제스는 결국 장쉐량 군대에 의해 감금되었다. 이 때 일제에 대항할 것을 요구 받은 그는 다시 국공 합작을 통해 육·해·공군 총사령관이 되어 전면적인 항일전에 나섰다.

1945년 일본의 항복 이후 중국은 다시 공산당과 국민당의 대립이 시작되었다. 미국의 도움으로 처음에는 장제스의 국민당이 우위를 점했으나, 1949년 대패하여 타이완으로 정부를 옮겼다. 이후 장제스는 미국과의 유대를 강화하고 '자유 중국', '대륙 반공'을 제창하며 중화민국 총통과 국민당 총재로서 타이완을 지배했다.

▲ 정화의 함대

본명은 마삼보이며, 중국 윈난 성 쿤밍에서 태어났다. 집안 대대로 이슬람 교도이며, 아버지 하지는 이슬람 성지인 메카에 성지 순례까지 다녀온 사람이었다.

1381년 윈난이 명나라의 지배하에 들어갈 당시 마화라 불리던 소년 정화는 명나라 군대에 붙잡혀 갔다. 1390년 연왕의 휘하에 들어간 부대에서 그는 환관으로서 전투와 외교에 두각을 나타냈다.

1400년에는 연왕이 반란(정난의 변)을 일으켜 건문제를 폐위하고 스스로 황제 자리에 올라 영락제가 되었다. 이 때 무공을 세운 마화는 환관의 장관인 내관감 태감에 발탁되었으며, 정씨 성을 하사 받았다.

1405년부터 1433년까지 정화는 서양 방문 해상 사절단의 총사령관으로서 동남 아시아에서 서남 아시아까지 30여 나라를 다니며 경제적·문화적 교류를 촉진했다. 그가 이끄는 선단은 대형 상선 60척에 배에 오르는 장병의 수가 2만 명 이상 되는 대규모 원정대로, 중국 역사상 최대의 항해였으며, 세계 역사상 유례가 없는 것이었다. 원정 결과, 중국은 그 후 반 세기 동안 중국 국내는 물론 상대국의 사회와 경제에 큰 영향을 끼쳤다.

중국인의 해외 이민이 늘어나 동남 아시아에 중국 식민지를 둘 수 있게 되었고, 19세기까지 이어진 조공 무역의 계기를 제공했다.

중학 사회 1
10. 아시아 사회의 발전과 변화
① 동아시아 문화권의 형성

자는 공명이며, 산둥 성 양도에서 태어났다. 호족 출신이었으나 어릴 때 아버지와 사별하여 형주에서 숙부 제갈현의 손에서 자랐다.

후한 말의 전란을 피하여 은거하며 벼슬에 오르지는 않았으나 명성이 높아 와룡 선생이라 일컬어졌다.

207년 위의 조조에게 쫓겨 형주에 와 있던 유비는 제갈량의 인격과 지혜에 감복하여 세 번이나 찾아가 자신을 도와 달라고 부탁했고, 제갈량도 유비의 겸손함에 감복하여 그의 부하가 되었다.

제갈량은 유비에게 북쪽을 통일한 조조와 강남에 세력을 쌓은 손권에 대항하려면 손권과 손을 잡고 시기를 보아 조조를 쳐야 한다는 '천하 삼분'의 계책을 일러 준다. 이듬해, 오의 손권과 연합하여 남하하는 조조의 대군을 적벽의 싸움에서 대파하고, 형주와 익주를 얻었다.

그 후로도 수많은 전공을 세웠고, 221년 한의 멸망을 계기로 유비가 황제의 자리에 오르자 재상이 되었다.

유비가 죽은 후에는 어린 황제 유선을 보필하여 다시 오와 연합, 위와 싸웠으며, 생산을 장려하여 민치를 꾀하고, 원난으로 진출하여 영토를 넓히는 등 촉의 발전에 힘썼다.

중학 사회 2
2. 서양 근대 사회의 발전과 변화
① 서양 근대 사회의 시작

영국 글로스터셔 주 버클리에서 목사의 아들로 태어났다. 13세 때부터 의학을 공부했으며, 1770년에 런던으로 가 헌터로부터 2년간 외과학을 배웠다.

당시 사람들이 가장 무서워하던 병은 천연두로, 제너는 이 병에 흥미를 느끼고 연구를 계속했다. 특히 우두에 감염되었던 사람은 일생 동안 천연두에 걸리지 않는다는 이 지방 사람들 사이에 전해 내려온 말에 귀를 기울여, 관찰과 연구에 전념했다.

그 결과 1796년에 한 낙농부에게서 채취한 소의 고름을 8세 소년의 팔에 접종하는 데 성공했다. 그로부터 6주 후에 천연두 농을 그 소년에게 접종했으나 천연두에 걸리지 않았다.

이를 바탕으로 제너는 1798년에 〈우두의 원인과 효과에 관한 연구〉라는 소책자를 발표했다. 이 책자를 둘러싸고 찬반 양론이 격렬했으나 우두 접종이 유효하다는 사실이 점차 인정되어 1803년 런던에 우두 접종 보급을 위해 왕립 제너 협회가 설립되었다. 그 결과 천연두로 인한 사망자가 급속히 줄어들었고, 영국 의회에서 그 공로를 인정 받았다.

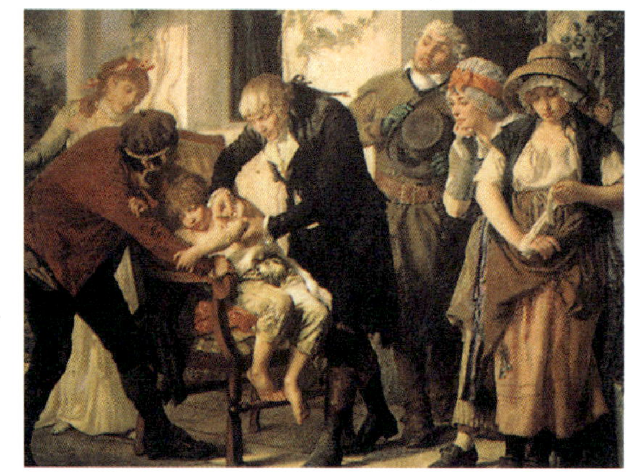

▲ 종두를 접종하는 제너

조조 (曹操 : 155~220) 중국 삼국 시대의 한 주역

중학 사회 1
10. 아시아 사회의 발전과 변화
① 동아시아 문화권의 형성

자는 맹덕, 묘호는 태조이다. 후한 말기에 환관의 양자의 아들로 태어나 황건적의 난을 평정하면서 세력을 키우기 시작하여 마침내 헌제를 옹립하고, 막후에서 권력을 휘둘렀다.

그는 화북을 거의 평정하고 나서 남하를 꾀했는데, 208년 손권·유비의 연합군과 적벽에서 싸워 크게 져서 이후 중국은 삼국 시대로 접어들었다.

같은 해 승상, 213년 위공, 216년 위왕의 자리에 올랐다. 조조는 정치상의 실권은 잡았으나 스스로 황제 자리에 오르지는 않았고, 220년 1월 뤄양에서 죽었다. 뒤를 이어 아들 조비가 황제가 되었다.

문학을 사랑하여 많은 문인들을 불러들였으며, 자신도 두 아들 조비·조식과 함께 시부에 재능이 뛰어나 이른바 건안 문학의 전성기를 이루었다. 후세에 간신의 대표적인 인물로 여겨져 왔으나 최근에 이르러 재평가되고 있다.

▲ 조조의 군함 모형

주공 (周公 : 기원전 1100경) 12세기에 활동한 중국의 정치가

중학 사회 1
10. 아시아 사회의 발전과 변화
① 동아시아 문화권의 형성

성은 희, 이름은 단이다. 주 왕조를 세운 문왕의 아들이며 무왕의 동생으로, 무왕과 무왕의 아들 성왕을 도와 주 왕조의 기초를 확립했다. 무왕이 죽고 나서 직접 왕권을 장악하라는 주변의 유혹을 뿌리치고 대신 무왕의 어린 아들 성왕을 보좌하는 길을 택했다.

주공이 섭정직에 오르자마자 그의 세 동생 관, 채, 곽과 몰락한 은나라의 후계자 무경이 대규모 반란을 일으켰다. 그는 반란을 진압하고, 나아가 몇 차례의 정벌에 나서 황허 강 유역의 화베이 평원 대부분을 주의 영토로 편입시켰다.

또한 지금의 허난 성 뤄양 근처에 제국의 동쪽 지역을 관할하기 위한 '동도'를 세우는 등 은나라가 통치하던 지역을 정복하고 그 곳에 새로운 행정 단위를 설치했다. 한편, 예악과 법도를 제정하여 주나라의 문물 제도를 창시했다.

성왕이 어른이 되어 스스로 정치를 할 수 있게 되자 주공은 7년간의 섭정에서 물러나 신하가 되어 성왕을 받들었다. 그 무렵 주나라의 정치·사회 제도는 중국 북부 전역에 걸쳐 확고히 수립되었고 이러한 행정 조직은 후대 중국 왕조들의 모범이 되었다.

공자는 그를 후세의 중국 황제들과 대신들이 본받아야 할 훌륭한 인물로 격찬했으며, 그를 매우 숭배하여 한때 "오랫동안 주공을 꿈에서 보지 못한 것을 보니 내가 허약해지고 늙은 것 같다."라고도 했다.

중학 사회 1
10. 아시아 사회의 발전과 변화
② 동아시아 전통 사회의 발전과
　변화

묘호는 태조, 아명은 흥종이며, 홍무제라고도 한다. 안후이 성 평양 현의 빈농 출신으로, 17세에 부모를 잃고 승려로 떠돌다가 홍건적의 부장 곽자흥의 부하가 되면서 두각을 나타내기 시작했다.

곽자흥의 뒤를 이어 총지휘관이 된 주원장은 원나라 강남의 거점인 난징을 점령했다. 각지의 군웅들을 모두 굴복시켜 명나라를 세우고 연호를 홍무라 했다. 동시에 원나라를 몽골로 몰아 내고 중국의 통일을 완성했다.

주원장은 한족의 전통적 제도를 부활하고, 원나라의 풍속을 금지했다. 중앙에는 1380년 중서성을 폐지하여 6부를 독립시키고, 도찰원·오군 도독부를 설치하여 이들 기관을 황제 아래에 두었다.

지방에도 포정사사·도지휘사사·안찰사사를 두고 이들을 중앙에서 관할했다. 또 24명의 아들들을 주요 지역의 왕으로 삼아 황실의 안정을 꾀했다. 농민 통치에도 힘을 기울여 조세·부역의 징수를 공평히 하고 세금, 부역, 토지 제도의 체계를 세웠다. 그리하여 중국 역사상 가장 철저한 독재 체제를 확립했다.

주원장은 백성의 도덕 규범인 육유를 정했으며 교민방문을 반포하여 백성이 지켜야 할 본분을 가르쳤고 황제에게 복종할 것을 강요했다.

국어 읽기 6-1
5. 마음을 나누며
① 소중한 우리말

자는 원회·중회, 호는 회암·회옹·운곡산인, 이름은 희이다. 푸젠 성 우계에서 태어났다.

선조는 대대로 휘주 무원의 호족으로 아버지 위재는 관직에 있다가 당시 재상과의 의견 충돌로 퇴직하고 우계에 은둔해 있었다. 14세에 아버지가 죽자 유언을 따라 호적계·유백수·유병산에게 배우면서 불교와 노자의 학문에도 흥미를 가졌으나, 24세에 이연평을 만나 유학으로 돌아서고 그의 학문을 계승하게 되었다.

19세에 진사시에 급제하여 71세에 생애를 마칠 때까지 여러 관직을 거쳤다. 그러나 정작 현직에 근무한 것은 9년 정도였고 나머지는 학자에 대한 일종의 예우로서 명목상의 관직이었기 때문에 학문에 전념할 수 있었다.

47세부터 60세까지 자신의 사상을 정리하고, 〈논어〉·〈맹자〉·〈대학〉·〈중용〉 등의 고전에 새로운 해석을 했으며, 교육에도 힘을 쏟아 서원을 세우고 많은 제자들을 길러 냈다. 당시 주자와 제자들이 나누었던 대화는 〈주자어류〉로 기록되어 오늘날까지 전해진다.

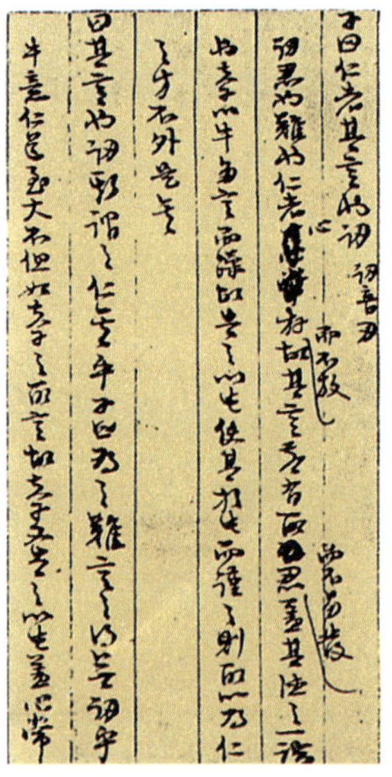

▲ 〈논어 집주〉의 초고

중학 과학 3
2. 일과 에너지
③ 역학적 에너지의 전환과 보존

영국 맨체스터 주의 샐퍼드에서 태어났다. 가정 교사의 초등 교육과 16세 때 화학자 돌턴에게 화학과 물리학의 기초 교육을 받은 것 외에는 주로 독학을 했다.

19세 때부터 집에서 물리 실험을 했다. 당시 전자기 유도 현상을 발견해 명성을 얻은 화학자 패러데이에게 자극 받은 줄은 전류에서 역학적 에너지를 발생시키는 장치를 발명하기로 결심하고 연구에 몰두했다.

그 결과 1840년 도선을 흐르는 전류의 크기와 그 전류가 일정 시간 안에 내는 열량의 관계를 발견하여 '줄의 법칙'이라 명명했다.

이어 그는 역학적 에너지, 전기 에너지 등의 에너지는 본질적으로 같고 하나에서 다른 하나로 변할 수 있다는 것을 입증하여 에너지 보존 법칙의 기초를 세웠다.

1847년 학회의 강연에서 줄은 톰슨과 인연을 맺었다. 1852년 두 사람은 작은 구멍을 통해 압축된 기체를 흘릴 때 일어나는 기체의 열적인 변화를 연구했다. 이는 '줄-톰슨 효과'라 하는데, 19세기의 대규모 냉동 산업 발전에 기여했다. 1866년 과학계의 최고 영예라 할 수 있는 코플리 메달을 받았다.

현재 열의 일당량 값은 주로 기호 J로 나타내고 '줄'이라 읽는데, 이것은 물리학자 줄의 이름에서 따온 것이다.

음악 3
7. 아라비아 춤과 갈대 피리 춤
 −〈호두까기 인형〉 중에서

러시아 우랄 지방 봇킨스크에서 광산 감독관의 아들로 태어났다. 어머니가 음악을 좋아하여 아들에게 피아노를 가르쳤다. 아버지의 뜻에 따라 상트페테르부르크의 법률 학교를 졸업하고 관리가 되었다.

그러나 음악에 대한 열정을 누를 수 없어 1860년 안톤 루빈스타인이 연 음악 교실에 입학했다. 이 교실이 러시아 최초의 음악원으로 개편되면서 제1기생이 되었다. 그 뒤 모스크바 음악원이 설립되자 12년간 교수로 일하면서 〈백조의 호수〉, 〈안단테 칸타빌레〉 등을 발표하여 이름을 알렸다.

1876년 부유한 미망인 폰 메크 부인의 지원으로 교직을 떠나 작품 창작에 전념했다. 이 때 오페라 〈예브게니 오네긴〉, 발레곡 〈잠자는 숲 속의 미녀〉, 〈호두까기 인형〉 등을 만들었으며, 얼마 후 제4, 5, 6교향곡도 완성했다. 1893년 제6교향곡 〈비창〉을 완성하여 직접 지휘했다.

▲ 차이코프스키의 발레곡 〈호두까기 인형〉 무용 공연

자는 경중. 중국 후한 시대 사람으로 후난 성에서 태어났다. 75년 황실에 봉사하는 환관이 되었고, 화제 때인 89년에는 환관의 우두머리로 승진했다.

그 때까지 사람들은 나무를 깎아 엮거나 옷감에다 글을 썼다. 이 방법은 불편했고, 오랫동안 보관하기도 힘들었다. 채륜은 이러한 불편을 없애기 위해 오랫동안 종이를 만드는데 전력을 기울였다.

채륜은 여러 번의 실험 끝에 105년경 나무껍질, 삼베 부스러기, 넝마, 그물 등의 재료를 사용하여 종이를 만드는 데 성공했다. 그가 만든 종이를 본 황제는 크게 기뻐했고, 이후 이 종이는 채후지라고 불리게 되었다.

이렇게 만들어진 종이는 당시 글씨를 쓰는 데 주로 사용되던 비단보다 값이 싸고 질도 뛰어났다.

또한 채륜은 종이뿐만 아니라 칼을 만드는 기술도 뛰어나 여러 종류의 칼을 만들어 그 솜씨를 널리 인정 받았다. 97년에는 상방령(궁정 기물의 제조를 관장하는 관청의 장관)에 임명되어 궁중에서 쓰는 검과 도구를 제작했다.

114년 용정후에 봉해졌고 장락태복이 되어서 유학 경전의 교정을 감독하기도 했으나, 만년에 권력 다툼의 소용돌이에 빠져 스스로 목숨을 끊었다.

중학 사회 1
10. 아시아 사회의 발전과 변화
① 동아시아 문화권의 형성

▲ 히틀러를 빗대어 만든 영화인 〈위대한 독재자〉의 한 장면

중학 사회 3
4. 현대 사회의 변화와 대응
③ 현대 사회의 사회 문제

영국 런던에서 태어났다. 무성 영화 속의 주인공(헐렁한 바지, 콧수염, 중절모, 지팡이를 든 초라하지만 가슴 따뜻한 떠돌이)은 채플린을 세계 최초의, 그리고 가장 인기 있는 대중 스타로 만들었다.

아버지는 알코올 중독자로 그가 어렸을 때 죽었으며, 어머니는 정신병을 앓았다. 채플린은 고아원과 기숙 학교에서 자랐다.

미국을 여행하는 동안 채플린은 키스톤 회사와 계약을 맺고 1914년 연기를 시작했다. 영화 〈유랑자〉는 그를 위대한 코믹 배우이자 재능 있는 마임 예술가로 만들었다.

1919년 메리 픽포드, 더글러스 페어뱅크스, 그리피스와 함께 유나이티드 아티스츠 영화사를 설립하고 〈황금광 시대〉, 〈도시의 불빛〉, 〈모던 타임스〉 등을 제작했다.

1972년 오스카 특별상을 받았으며, 1975년 기사 작위를 받았다.

▲ 영화 〈모던 타임스〉의 한 장면

교과서 살펴보기

중학 도덕 3
2. 가정 · 이웃 · 학교 생활과 도덕
   문제
① 진로 · 진학과 도덕 문제

스코틀랜드의 던펌린에서 가난한 수직공의 아들로 태어났다. 1848년 가족과 함께 미국의 펜실베이니아 주 앨러게니(지금의 피츠버그)로 이주했다. 어려서부터 방적공, 전보 배달원, 전신 기사 등으로 일하며 야간 학교를 다녔다. 1853년 펜실베이니아 철도 회사에 취직하여 1865년까지 근무하는 동안 모은 돈을 침대차 회사에 투자해 큰 이익을 얻었으며 철도 기재 제조 회사, 운송 회사, 석유 회사 등에도 투자하여 많은 재산을 모았다.

1865년 앞으로 철과 철강이 더 많이 필요할 것이라고 예견한 그는 다니던 철도 회사를 그만두고 키스톤 브리지 사를 경영하기 시작했고, 1872년 카네기 철강 회사의 전신 회사를 설립했다. 그의 예측대로 철강 수요는 날로 늘어났고, 그는 혁신적인 새로운 공법의 도입 등으로 회사의 규모를 키워 갔다. 1889년 카네기는 마침내 자신 소유의 모든 회사를 카네기 철강 회사로 통합했다. 1901년 카네기는 모건계의 제강 회사와 합병하여 미국 철강 시장의 65퍼센트를 지배하는 US 스틸 사를 탄생시켰다.

이후 은퇴하여 교육과 문화 사업에 몰두했다. '재산은 하느님이 내리신 신성한 것이다.' 라고 생각하여, 인간의 일생을 2기로 나누어 전기에는 부를 축적하고 후기에는 축적된 부를 사회 복지를 위해 투자하여야 한다는 신념을 지니고 있었으며, 이를 실천했다. 남은 삶과 재산을 모두 공익 사업에 바쳤다.

카를 대제 (Karl der Grosse : 742~814) 유럽의 기초를 잡은 황제

교과서 살펴보기

중학 사회 2
1. 유럽 세계의 형성
② 유럽 세계의 성립과 발전

샤를마뉴라고도 한다. 3세기부터 게르만 인은 유럽으로 진출했다. 로마 인은 게르만 인을 야만인으로 취급했으나, 4세기경에는 로마의 영토를 넘봤으며, 결국 로마를 멸망시키고 여러 나라를 세웠다. 이들 가운데 가장 세력이 큰 나라가 프랑크 왕국이었다.

부왕 피핀이 죽은 뒤 동생 카를로만과 왕국을 나누어 통치했으나, 771년에 동생 역시 죽어 프랑크 왕국의 단일 통치자가 되었다. 772년부터 804년까지 몇 차례의 원정을 감행하여 서유럽의 정치적 통일을 달성했다. 또한 로마 교황권과 결탁하여 그리스도교의 수호자 역할을 하여 서유럽의 종교적인 통일을 이루고, 로마 고전 문화의 부활을 장려해 카롤링거 르네상스를 열었다.

▲ 궁정의 카를 대제

이렇게 해서 고전 문화 · 그리스도교 · 게르만 민족 정신의 3요소로 이루어지는 유럽 문화가 카를 대제 시대에 이르러 개화되어, 유럽 발전의 기초가 되었다. 카를 대제는 죽기 전 세 아들에게 영토를 나누어 주었는데, 이 나라들이 각각 오늘날 프랑스, 독일, 이탈리아가 되었다.

시저라고도 하며, 서양 역사상 큰 영향을 남긴 사람 중 하나이다. 몰락한 귀족의 아들로 간질을 앓던 병약한 소년이었지만, 강한 정신력으로 학문을 닦고 웅변술을 익히면서 정치가가 될 힘을 길렀다.

기원전 69년 재무관 등 여러 관직을 맡으면서 인심을 얻고, 로마와 기타 속주에서 착실하게 성과를 거두어 명성을 얻고 대정치가로서의 기반을 구축했다.

기원전 60년 폼페이우스, 크라수스와 함께 1차 삼두 동맹을 맺고, 기원전 59년에는 공화 정부 로마의 최고 관직인 콘술에 취임했다.

▲ 카이사르의 암살

콘술로서 국유지 분배 법안을 비롯한 각종 법안을 제출하여 민중의 인기를 얻었다. 갈리아의 지방 장관이 되어 기원전 50년까지 재임 중 갈리아 전쟁을 수행했다. 갈리아 전쟁의 승리로 정치적 영향력이 더욱 커졌다.

기원전 53년 크라수스가 메소포타미아에서 쓰러지자 원로원 보수파의 지지를 받은 폼페이우스와도 관계가 악화되어 1차 삼두 동맹이 깨졌다.

원로원이 군대를 해산하고 로마로 돌아오라고 하자 "주사위는 던져졌다."라는 유명한 말과 함께 갈리아와 이탈리아의 국경인 루비콘 강을 건너 로마를 향하여 진격을 개시했다.

우선 폼페이우스의 거점인 에스파냐를 제압한 다음 동쪽으로 도망친 폼페이우스를 추격하여 이집트로 향했으나 그가 알렉산드리아에 상륙하기 전에 폼페이우스는 암살당했고, 카이사르는 그 곳 왕위 계승 싸움에 휘말려 알렉산드리아 전쟁이 발발했다. 전쟁에서 승리를 거두고 클레오파트라 7세를 왕위에 오르게 하여 그녀와의 사이에 아들 카이사리온(프톨레마이오스 15세)을 낳았다.

기원전 47년에는 소아시아 젤라에서 미트리다테스 대왕의 아들 파르나케스를 격파하고, 이 때 "왔노라, 보았노라, 이겼노라."의 세 마디로 된 유명한 보고를 원로원으로 보냈다. 이어서 폼페이우스의 잔당을 소탕하고, 기원전 45년에는 에스파냐에서 폼페이우스의 두 아들과 싸워 승리함으로써, 기원전 49년 이래의 내란의 막이 내렸다. 1인 지배자가 된 카이사르는 각종 사회 정책과 역서의 개정 등 개혁 사업을 추진했다. 그에게 권력이 집중되자, 왕위를 탐내는 자로 의심 받게 되어 원로원의 공화정 옹호파에게 살해당했다.

▼ 로마 제국 중심지였던 포로 로마노

카이사르는 지략이 뛰어난 장군일 뿐만 아니라 민중 편에 선 정치가로서 사회 개혁을 이끌었다. 또한 그가 남긴 〈갈리아 전기〉, 〈내란기〉는 간결한 문체와 정확한 현실 파악 등으로 라틴 문학의 걸작으로 일컬어진다.

동프로이센의 상업 도시 쾨니히스베르크에서 마구 상인의 아들로 태어났다. 그의 부모는 독실한 루터교 신자였다. 칸트는 8세 때 담임 목사가 운영하는 경건주의 학교에 들어가 8년 6개월 동안 다녔다. 이 학교에서는 주로 라틴 어를 가르쳤는데, 이 때의 영향으로 칸트는 일생 동안 라틴 어 고전을 좋아했다고 한다.

그 뒤 1740년 쾨니히스베르크 대학에 들어가 신학을 공부했는데, 칸트는 수학과 물리학에 더 흥미를 느꼈다. 이 대학에서 그는 박학다식한 크누첸 교수의 영향을 많이 받았다. 크누첸은 칸트가 점차 정신 세계에 발을 들여 놓도록 도와 주었으며, 미래의 천재에게 방향을 제시해 주었다. 그는 칸트에게 자신의 소장 도서들을 마음껏 읽을 수 있도록 해 주었을 뿐만 아니라 뉴턴의 논문들을 탐독하도록 권유했다. 칸트는 뉴턴의 세계관에 큰 감명을 받았다. 1744년 칸트가 쓴 최초의 책의 주제도 운동력에 관한 것이었다. 칸트는 학자가 되기로 마음먹었지만, 대학에서 조교 자리를 얻는 데 실패하자 가정 교사로 9년쯤 일했다. 1755년 다시 대학으로 돌아와 그 해 박사 학위를 받고, 대학에서 강의할 수 있는 자격을 얻었다. 이후 그는 수학과 물리학을 비롯해 논리학, 형이상학, 자연법, 윤리학 등 여러 분야를 강의했다. 칸트의 강의는 글과는 달리 해학과 박진감이 넘쳤다고 한다.

1756년 크누첸이 죽자 칸트는 그의 후임으로 교수직을 얻으려고 했지만 뜻을 이루지 못했다. 1764년에는 프로이센의 교육부에서 문학 교수 자리를 제의했으나 거절했다. 그 이유는 철학 교수가 되고 싶었기 때문이다. 당시 수학과 물리학은 자연 철학으로 간주되어 철학의 범주에 속했다. 마침내 1770년 칸트는 쾨니히스베르크 대학의 철학 교수가 되었다. 이후 사색과 연구에 전념한 끝에 1781년 〈순수 이성 비판〉을 발표했다. 이 책에서는 이전의 신 중심적인 색채가 남아 있는 형이상학의 모든 개념이 인간 중심적인 의미로 바뀌어야 하는 이유 등을 설명했다. 그 뒤 〈실천 이성 비판〉, 〈판단력 비판〉을 잇달아 발표하여 비판 철학의 정수를 보여 주었다. 이 세 권의 비판서는 순식간에 전 독일의 대학과 논단의 중심 화두가 되었고, 인간학적 형이상학을 새롭게 수립하는 계기가 되었다. 눈부신 학문적 성취로 명성을 얻은 칸트는 1786과 1788년 쾨니히스베르크 대학 총장에 선출되었다.

평생 독신으로 살았던 그는 서유럽의 근세 철학의 전통을 집대성하고, 그 이후의 철학 발전에 새로운 기초를 확립한 철학자로 평가 받고 있다. 칸트에서 시작된 독일의 관념론 철학이 피히테를 거쳐 헤겔에 이르러 완성되었다. 1804년 80세에 세상을 떠났다.

▲ 칸트의 동상

프랑스 북부 피카르디 지방 누아용에서 태어났다. 아버지는 지방 귀족의 비서와 경리 등으로 일한 소시민이었다. 1523~1528년 파리에서 신학을, 그 후 오를레앙 대학에서는 법학을 공부하면서 종교 개혁가 루터와 에라스무스의 영향을 받았다.

1533년 에라스무스와 루터를 인용한 이단적 강연의 초고를 썼다는 혐의를 받고, 은신해 지내면서 교회를 초기 사도 시대의 순수한 모습으로 복귀시킬 것을 다짐하고 로마 가톨릭 교회와 결별했다.

1535년 프랑스 국왕의 이단에 대한 박해로 신변의 위험을 느껴 스위스 바젤로 피신하여, 1536년 복음주의의 고전이 된 〈그리스도교 요강〉을 저술했다. 이것은 박해 받는 프랑스의 프로테스탄티즘을 변호하고 옹호하기 위한 것이었다.

▲ 종교 개혁 기념비

이 무렵, 제네바의 종교 개혁을 위해 함께 일할 것을 G. 파렐에게서 요청 받고 동참했지만, 처음부터 엄격한 개혁을 추진하려 했기 때문에 추방되어 프랑스의 스트라스부르로 갔다.

교과서 살펴보기

중학 도덕 2
1. 사회 생활과 도덕
② 현대 사회와 시민 윤리

중학 사회 2
2. 서양 근대 사회의 발전과 변화
① 서양 근대 사회의 시작

본명은 무스타파 케말이다. '케말 아타튀르크' 라고도 부르는데 아타튀르크는 '터키의 아버지' 라는 뜻이다. 그리스 살로니카에서 태어나 육군 사관학교를 졸업하고 청년 장교 시절부터 술탄의 전제 지배에 반대하여 지방의 혁명 단체에 가입, 진보적인 개혁주의자들과 교류를 가졌다.

1911~1912년의 이탈리아-터키 전쟁 때에는 북아프리카에서 활약했고, 제1차 세계 대전 중에는 군사령관으로서 공훈을 세웠다. 전후 수도 이스탄불 등이 연합군에게 점령당하자 에르주룸에서 민족적 항전을 결의했다.

이듬해 1월에는 대외 정책의 기본 강령이라고 할 '국민 맹약' 을 선언했고, 4월 앙카라에 '대국민 회의' 를 개설하여 의장으로 선출되었다.

▲ 앙카라에 있는 케말 파샤 동상

1922년 11월에 술탄 제도를 폐지하고, 이듬해 7월 연합국과의 사이에 새로 로잔 조약을 체결했다. 10월 앙카라를 수도로 정한 공화제를 선포하고 대통령에 취임했으며, 인민공화당을 창설하여 정당 정치를 확립했다.

교과서 살펴보기

중학 사회 2
4. 현대 세계의 전개
① 제1차 세계 대전과 전후의 세계

케인스 (Keynes, John M. : 1883~1946) 영국의 경제학자

중학 사회 2
4. 현대 세계의 전개
① 제1차 세계 대전과 전후의 세계

영국 케임브리지에서 태어났다. 이튼 고등학교를 졸업하고 케임브리지 대학의 킹스칼리지에 입학했다. 경제학자이며 논리학자인 아버지와 케임브리지 시장을 지낸 어머니의 영향을 받으며 자랐다. 아버지의 뒤를 이어 대학에서 경제학을 전공했고, 대학을 졸업한 후에는 공무원으로 일했다.

1908년 경제학자 마셜의 초청으로 케임브리지 대학으로 돌아가 킹스칼리지의 특별 연구원이 되어 경제학 연구에 전념했으며, 29세 때는 영국의 대표적 경제학 잡지 〈이코노믹 저널〉의 편집자로도 활약했다.

제1차 세계 대전 이후 전세계 경제계는 불황의 늪에 빠져 있었다. 케인스는 종래의 경제 이론을 검토하여, 완전 고용을 위해서는 소비와 지출을 완전히 풀어 주기보다는 정부의 보완적인 정책이 필요하다는 결론을 내렸다.

이러한 이론은 ‘케인스 혁명’이라고 불릴 정도로 획기적인 것이었다. 케인스의 경제 이론은 미국 루스벨트 대통령의 뉴딜 정책을 낳게 한 토대가 되었으며, 불황의 늪에 빠진 경제계에 새로운 바람을 불러일으켰다.

케인스는 또한 저서 〈일반 이론〉에서 불황과 실업의 원인을 규명하고 그것을 극복하기 위한 이론을 제시했다.

케플러 (Kepler, Johannes : 1571~1630) 지동설을 완성한 천문학자

중학 과학 2
3. 지구와 별
② 태양계

중학 과학 3
7. 태양계의 운동
③ 행성의 운동

독일 바일에서 태어났다. 16세에 튀빙겐 대학에 장학생으로 입학하여 신학을 공부하다 코페르니쿠스의 지동설에 감명 받아 천문학으로 전향했다.

1594년 그라츠 고등학교에서 수학과 천문학을 가르치는 한편, 점성학을 연구했다. 1595년에 천체력을 발간하고, 이듬해 〈우주 구조의 신비〉를 출간하여 행성의 수와 크기, 배열 간격에 대한 자신의 생각을 밝혔다.

신교 신자인 케플러는 1599년 신교도 추방령이 내려지자, 프라하로 옮겨 브라헤의 제자가 되었고 이후 루돌프 2세의 보호를 받으며 화성의 운행을 연구했다. 1601년 브라헤의 후임으로 궁정의 수학자가 되었다.

행성을 연구하던 중 케플러는 초신성(케플러 신성)을 발견했고, 화성 관측 결과를 〈신천문학〉이라는 제목으로 출간했다. 여기서 행성은 태양을 하나의 초점으로 하는 타원 궤도를 그리며 운행한다는 것과 행성과 태양을 연결하는 직선의 면적과 속도는 한 행성에 대해서는 항상 일정하다는 것, 한 행성의 공전 주기의 제곱은 태양으로부터의 평균 거리의 세제곱에 비례한다는 ‘케플러의 법칙’을 정리해 냈다.

1612년 린츠 대학의 수학 교수 겸 측량 감독으로 자리를 옮겼고, 1626년 종교 전쟁을 피해 울름으로 가 이듬해 행성의 위치 등을 계산한 〈루돌핀 목록〉을 출간했다.

폴란드 토루인에서 태어나 10세에 아버지를 여의고 외삼촌인 바첸로데 신부 밑에서 자랐다. 1491년 신부가 되기 위해 입학한 크라쿠프 대학에서 중세에 지배적 사상이었던 프톨레마이오스의 우주관(천동설)에 의문을 가지기 시작했다.

1496년에 이탈리아에 유학, 그리스 철학과 천문학을 공부했다. 이듬해 3월 9일에는 알데바란 별이 달에 가려지는 것을 관측하기도 했다. 1500년에는 로마에 머물며 수학 · 천문학에 관한 강연을 했으며, 스스로 만든 기구를 이용하여 천체 관측을 했다.

코페르니쿠스는 행성의 궤도를 원으로 보고, 지구의 공전과 자전의 증거를 밝혀 내지 못했다는 점에서 그의 지동설은 한계를 지니고 있다. 그의 저서는 뒤에 금서 목록에 오르고 많은 종교가들의 비난을 받았지만, 케플러 · 갈릴레이 · 뉴턴 등의 근대 과학을 낳는 기반이 되었다.

▲ 코페르니쿠스의 저서 〈천체의 회전에 관하여〉

고대 로마의 황제(재위 306~337)로 콘스탄티누스 1세, 또는 콘스탄틴 1세라고도 한다. 세르비아의 나이수스에서 로마 서부 속주들의 황제인 콘스탄티우스 클로루스의 아들로 태어났다. 306년 아버지가 죽은 뒤 황제로 추대되었다. 이 무렵 황제를 자칭하는 사람이 여러 명 나타나 로마는 내전의 소용돌이에 빠졌다. 306년부터 324년까지 계속된 내전에서 콘스탄티누스 대제는 최후의 승자가 되었다.

312년 그는 정통파 황제를 자칭하는 막센티우스를 로마 외곽 밀비안 다리 전투에서 패배시켰는데, 이 전투 때 태양 아래에서 ‘이 기호로 정복하라.’ 는 글귀와 함께 십자가상이 나타났다고 한다. 313년에는 로마 동부 속주들을 통치하는 리키니우스 황제와 제휴를 맺고 밀라노 칙령을 공포했다.

밀라노 칙령은 로마에서 그리스도교 신앙의 자유를 처음으로 공인하고, 오랫동안 계속된 그리스도교 탄압에 종지부를 찍은 획기적인 사건이었다. 325년 니케아 공의회를 열어 아리우스파를 이단으로 단죄하고, 아타나시우스파의 삼위 일체설을 정통으로 삼은 니케아 신경을 가결했다. 330년에는 로마 제국의 수도를 비잔티움으로 옮겨 이름을 콘스탄티노플로 고쳤다. 이 도시는 그 후 천 년이 넘게 로마 제국의 수도가 되었다. 그는 디오클레티아누스와 함께 로마 제국을 재건한 황제로 평가 받고 있다.

이탈리아 제노바에서 태어났다. 1477년에 리스본에 나타날 때까지의 행적은 뚜렷하지 않다. 1479년 결혼했는데, 그의 장인이 선장이었기 때문에 해도 제작에 종사했다. 이 무렵 지도를 연구한 결과 서쪽으로 항해하면 인도에 도달할 수 있다는 확신을 갖게 된 것으로 추측된다.

1484년 포르투갈 왕 주앙 2세에게 대서양 항해 탐험을 청했으나 허락하지 않자, 에스파냐 이사벨 여왕에게 갔다. 해외 진출에 관심을 갖고 있던 이사벨 여왕은 콜럼버스를 등용했다.

이사벨 여왕은 자금을 제공한 외에도 팔로스 시에 선박 2척(핀타 호와 니냐 호)을 내주게 하고, 과거의 모든 죄를 면죄해 준다는 조건으로 승무원 모집에도 협력해 주었다.

첫 번째 항해는 1492년 8월 3일이었으며, 같은 해 10월 12일에 지금의 바하마 제도의 와틀링 섬(추정)을 발견했다. 이어 쿠바 · 히스파니올라(아이티)에 이르렀는데, 이 곳을 인도의 일부라고 생각했다. 1493년 3월에 귀국해 왕 부부로부터 '신세계'의 부왕으로 임명되었다.

▲ 복원된 산타 마리아 호

당시 그가 가져온 금 제품이 전 유럽에 큰 반향을 불러일으켜서, 배 17척에 1500명의 대선단을 이끌고 간 1493년의 두 번째 항해는 금을 캐러 가는 사람이 대부분이었다.

콜럼버스는 히스파니올라에 이사벨라 시를 건설하는 한편, 토지를 에스파냐 인 경영자에게 분할해 주고 인디언들에게는 공납과 부역(경작과 금 채굴)을 명령했다. 그러나 금이 별로 나오지 않자 인디언을 학대 · 살육하고, 노예로 만들었다. 이 때문에 본국으로 돌아오자 문책당했다.

세 번째 항해(1498~1500)에서는 트리니다드와 오리노코 하구를 발견했으나 히스파니올라에서 내부 반란으로 본국으로 송환되었다. 네 번째 항해(1502~1504)에서 콜럼버스는 온두라스와 파나마 지협을 발견하고 귀국했다. 1504년에 이사벨 여왕이 죽은 뒤 그의 지위는 더욱 하락했으며, 직책의 세습까지도 인정되지 않았다.

1506년 죽을 때까지 자기가 발견한 땅을 인도라고 믿고 있었다. 엄밀하게 따지면 서양 사람 최초로 아메리카 대륙을 발견한 사람은 1000년경 노르만 인이었지만, 그것은 사람들에게 아무런 관심도 불러일으키지 못했다. 콜럼버스의 서인도 항로의 발견으로 아메리카 대륙이 유럽 사람들의 활동 무대가 되었고, 에스파냐는 식민지 경영에 본격적으로 나서게 되었다.

▼ 콜럼버스의 신대륙 발견을 기념한 방패

쿠베르탱 (Coubertin, Pierre de : 1863~1937) 근대 올림픽의 창시자

중학 체육 2
I. 체육의 발달
③ 근대 사회의 체육

프랑스 파리의 명문 가문에서 태어났다. 처음에는 군인이 되기 위해 생시르 육군 유년 학교에 입학했으나, 독일을 공공연한 적으로 가르치는 교육에 반대하여 16세에 중퇴하고 정치가의 길을 걷게 되었다. 당시 프랑스는 프로이센(지금의 독일)과의 전쟁에 패해 활기를 잃고 있었다. 쿠베르탱은 무기력한 조국을 구할 교육의 중요성을 절감하고 있었다. 영국과 미국에 유학하여 교육 실태를 파악하던 중 영국 청소년 교육의 중심이 스포츠에 있다는 것을 깨닫고, 그 이념을 모국에 실현시키려고 1886년 문교상에게 교육에서 스포츠의 중요성을 건의했으나 묵살당했다.

고대 올림피아의 유적 발굴에 자극 받아 소르본 대학에서 올림피아 경기 부활에 대한 구상을 발표했다. 1892년부터 올림픽 부흥 운동을 시작하여 1894년 국제 올림픽 위원회(IOC)를 창설했다. 1896년 제1회 근대 올림픽 대회를 아테네에서 개최하고, 그 후 IOC 회장으로 올림픽 대회의 발전에 일생을 바쳤다. 그는 IOC 외에도 국제 교육학회를 창설하여 스포츠와 교육의 연관성을 주장했다.

▲ 쿠베르탱 남작 동상

쿠빌라이 (Khubilai : 1215~1294) 중국 원나라의 시조

▲ 사냥길에 오른 원의 세조 쿠빌라이

중학 국사
4. 고려의 성립과 발전
③ 몽고와의 전쟁과 자주성의 회복

1260년에서 1294년까지 재위한 몽골 제국의 칸(최고 지도자)이며, 중국 원나라를 세운 황제이다.

몽골 제국을 창건한 칭기즈 칸의 손자로 태어났다. 1251년 형인 몽케가 제4대 칸이 되자 쿠빌라이는 남송 원정 대총독에 임명되었다. 1253년 티베트를 넘어 남송의 서남쪽을 원정하고, 1257년 남송을 침입할 때도 원정군을 지휘했다.

1259년 형이 죽자 다음 해 쿠빌라이는 내몽골에서 즉위했다. 외몽골 수도 카라코룸에서 즉위한 동생 아리보거를 제압한 다음 도읍을 연경으로 옮기고 1271년 나라 이름을 원이라 했다. 중국 역사상 이민족으로는 최초로 중국을 통일한 것이다. 그러나 쿠빌라이를 제국의 왕으로 인정하지 않는 동족이 많았으며, 아리보거의 잔당이 일으킨 반란을 계기로 몽골 제국이 분열되었다.

쿠빌라이 통치 기간 동안 안으로는 한나라의 세습적 봉건 제후제를 폐지하고 중앙 집권제를 확립했다. 금나라와 당나라 제도를 본받아 관제를 정하고 세제를 정비했다. 밖으로는 일본을 제외한 동아시아 대부분을 손에 넣었다.

크롬웰 (Cromwell, Oliver : 1599~1658) 청교도 혁명을 일으킨 정치 개혁가

영국 잉글랜드 동부 헌팅턴에서 상류 가문의 아들로 태어났다. 헌팅턴의 그래머 스쿨과 케임브리지 대학에서 공부했다. 잉글랜드 동부는 신교 중에서도 가장 민주적인 칼뱅파에 속하는 독립파가 많았는데, 크롬웰도 독립파의 신자로 자라났다.

1628년 헌팅턴 출신의 하원 의원이 되어 정치에 발을 들여 놓았다. 1640년의 단기 의회와 장기 의회 때는 케임브리지에서 선출되어 18개의 위원회에 관계함으로써 정치가로서 두각을 나타냈다.

1642년 제1차 내란이 일어나자 의회군으로 종군하여 에지힐 전투에서 전공을 세웠다. 청교도주의에 입각한 규율과 장비를 갖춘 우수한 기병 연대를 편성하여, 1644년 동부 연합군 부사령관으로서 마스턴무어 전투에서 승리를 거두었다.

1649년 국왕 찰스 1세를 처형한 후 왕제와 귀족원을 폐지하고 공화제를 수립했다. 1653년 장기 의회를 해산하고 스스로 호국경의 지위에 올라 엄격한 청교도주의에 의한 독재 정치를 단행했다.

크릭 (Crick, Francis Harry Compton : 1916~2004) 영국의 분자 생물학자

크릭은 DNA의 분자 구조를 결정한 영국의 분자 생물학자로, 영국 중동부의 노샘프턴셔 주에서 태어났다. 런던 대학 졸업 후 케임브리지 대학에서 물리학을 공부했다. 제2차 세계 대전 때는 해군에서 레이더 개발에 참여하는 등 물리학자로 일했다. 그 후 생물학으로 방향을 바꾸어 1949년부터 케임브리지 대학의 캐번디시 연구소에서 나선상 단백질의 분자 구조를 연구했다.

이 과정에서 미국의 생물학자 왓슨과 킹스칼리지의 윌킨스를 만나 공동 연구하여 1953년 〈DNA의 분자 구조 규명과 유전 정보 전달 연구〉라는 논문을 발표했다. 이 연구로 크릭은 1962년 왓슨·윌킨스와 함께 노벨 생리·의학상을 받았다. 그는 이 밖에도 대장균의 인공 돌연변이에 의한 DNA의 뉴클레오티드 배열 순서의 변화를 해석하고, 유전 정보의 단위가 3개로 조합되어 있음을 주장했다. 또 콜라겐 단백질의 구조, DNA에서 단백질 합성이 일어나는 메커니즘에 대한 연구에서도 큰 업적을 남겼다.

1977년 캘리포니아 샌디에이고에 있는 솔크 생물학 연구소의 교수가 되었다. 저서로 〈분자와 인간〉, 〈생명 그 자체〉, 〈연구에 미치게 하는 것들〉 등이 있다.

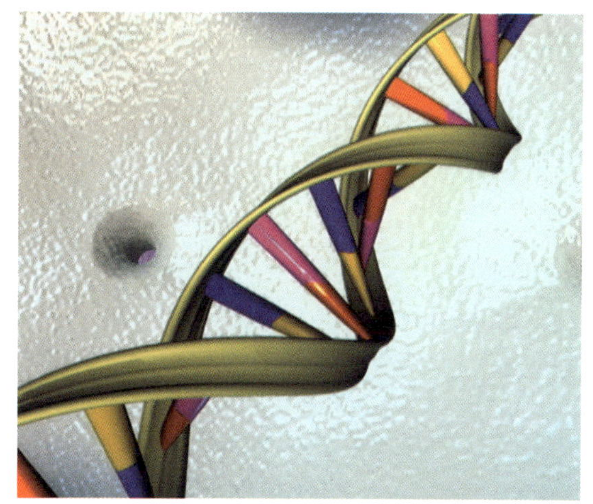

▲ 이중 나선 구조의 DNA

중학 사회 2
1. 유럽 세계의 형성
① 고대 지중해 세계의 형성

프톨레마이오스 12세의 둘째 딸로, 기원전 51년 남동생인 프톨레마이오스 13세와 결혼하여 이집트를 공동 통치했다. 그 후 한때 왕위에서 쫓겨났으나, 기원전 48년 이집트에 와 있던 카이사르의 도움으로 복위했으며, 프톨레마이오스 13세가 카이사르와 싸우다 죽은 뒤인 기원전 47년에는 막내 남동생인 프톨레마이오스 14세와 재혼하여 공동 통치했다.

카이사르와의 사이에 아들 하나를 낳아, 카이사리온(프톨레마이오스 15세)이라 불렀으며, 그녀는 한때 로마에 가 있었으나 카이사르가 암살된 후 이집트로 돌아왔다.

기원전 37년 옥타비아누스와의 협조가 결렬되고 안토니우스와 결혼, 기원전 34년 안토니우스는 그녀와 그녀의 아이들에게 로마의 전체 속주를 주었다.

기원전 31년의 악티움 해전에서 그녀와 안토니우스 연합군이 패배, 기원전 30년 옥타비아누스군의 공격을 받고 독사에게 가슴을 물게 하여 자살했다. 뛰어난 미모와 여러 나라 말을 자유로이 구사하는 외교 수완을 발휘, 격동기의 왕국을 능란하게 유지해 나간 여왕이었다.

▲ 안토니우스(왼쪽)와 옥타비아누스

중학 사회 2
1. 유럽 세계의 형성
① 고대 지중해 세계의 형성

아테네 민주 정치의 기초를 닦은 인물이다.

아테네의 지배층이었던 알크마이온 가문 출신으로, 고대 그리스의 도시 시키온의 참주를 지낸 클레이스테네스의 후손이다. 그가 태어났을 때 그의 집안은 증조 할아버지의 행위 때문에 사회의 배척을 받고 아테네에서 추방당해 있었다. 기원전 510년 정치적으로 적대 관계에 있던 페이시스트라토스가 실권하자 아테네로 돌아왔다.

2년 뒤 아테네의 최고 행정관인 아르콘 이사고라스와의 정권 투쟁에서 승리한 클레이스테네스는 '클레이스테네스의 개혁'을 단행했다. 개혁의 중심 내용은 정치 조직의 기반을 가문이나 씨족, 친족이 아닌 지역성에 두는 것이었다. 클레이스테네스는 우선 혈연을 기반으로 한 4부족 대신 10개의 새로운 지역 공동체를 만들었다. 공적인 권리나 의무는 최소 행정 구획인 데모스에 소속된 시민에게만 주어졌으며, 각 데모스마다 시민 등록부가 설치되었다.

클레이스테네스의 강력한 개혁으로 인해 파벌을 형성하기 어려워진 귀족들은 점차 세력을 잃게 되었다. 반면 아테네 시민 모두에게 평등권이 주어지면서 공적 생활에 참여할 수 있는 길도 넓어졌다. 이리하여 아테네에는 점차 민주적인 정치가 들어서게 되었다.

타고르 (Tagore, Rabindranath : 1861~1941) 인도가 낳은 위대한 시인

인도 캘커타 명문 집안에서 15명의 아들 중 열넷째로 태어났다. 11세 무렵부터 시를 썼고, 16세 때 처녀 시집 〈들꽃〉을 펴내 벵골의 P. B. 셀리라 불렸다. 1877년 영국에 유학하여 법률을 공부하며 유럽 사상의 영향을 받았다. 귀국 후 벵골 어로 작품을 발표하는 한편 그 작품을 영어로도 옮겼으며, 산문·희곡·평론 등에도 재능을 발휘했다.

1891년 농민들의 비참한 삶을 접하고는 농촌 개혁에 뜻을 두었으며, 1909년에 출판한 시집 〈기탄잘리〉로 1913년 아시아 인으로는 최초로 노벨 문학상을 받아 세계에 알려졌다.

그 뒤 세계 각국을 순방하면서 동서 문화의 융합에 힘썼고, 캘커타 근교에 샨티니케탄(평화 학당)을 설립하여 교육에 헌신했다. 벵골 분할 반대 투쟁 때에는 벵골 스와라지 운동의 이념적 지도자가 되는 등 독립 운동에도 힘을 쏟았다. 그가 세운 학당은 1921년에 국제적인 비스바바라티 대학으로 발전했고, 오늘날에는 국립 대학이 되었다. 벵골 지방의 옛 민요를 바탕으로 많은 곡을 만들었는데, 그가 작시·작곡한 〈자나 가나 마나〉는 인도의 국가가 되었다. 오늘날에도 간디와 함께 국부로 존경을 받고 있다. 한편, 타고르는 한국을 소재로 한 두 편의 시, 〈동방의 등불〉, 〈패자의 노래〉를 남겼다.

▲ 뭄바이에 있는 인도의 문

탈레스 (Thales : 기원전 6세기) 자연 철학의 시조

소아시아의 그리스 식민지 밀레투스에서 태어났다. 페니키아 인의 혈통이며, 상업으로 재산을 모아 이집트에서 수학과 천문학을 배웠다.

사실 탈레스의 글이나 당시의 자료는 남아 있지 않아 그의 업적을 평가하기는 어렵다. 피타코스·클레오브로스·솔론 등과 함께 고대 그리스의 일곱 현인 중 한 사람이며, 그 중 제1인자로 알려져 있다. 그리스의 역사가 헤로도토스는 탈레스가 에게 지역의 이오니아 도시들의 연합을 옹호한 현실 정치가였다고 전한다.

한편 탈레스는 기하학 지식을 이용하여 이집트의 피라미드를 측량하고, 해변에서 바다에 떠 있는 배까지의 거리를 계산했다고도 한다. 기하학에서는 이집트의 경험적, 실용적 지식을 바탕으로 5개의 정리를 발견한 인물로 알려져 있다.

'원은 지름에 의해서 2등분된다.', '이등변 삼각형의 두 밑각의 크기는 같다.', '두 직선이 교차할 때 그 맞꼭지각의 크기는 같다.' 등 우리가 아는 정의는 바로 탈레스가 발견한 것이다.

탈레스는 또 만물의 근원을 추구한 철학의 창시자로도 불린다. 그는 만물의 근원은 물이며, 대지는 물 위에 떠 있는 것이라 주장했다. 이와 관련한 그의 공적은 물을 본질적인 실체로 선택한 점보다 현상을 단순화하여 자연을 설명하려 한 데 있다.

트로츠키 (Trotskii, Leon : 1879~1940) 러시아의 혁명가

▲ 트로츠키와 그의 참모들

본명은 레온 다비도비치 브론스타인이다. 우크라이나의 부유한 농가에서 유대 인의 아들로 태어났다. 1896년 흑해 연안에 있는 오데사에서 고등학교를 마쳤으며, 독학으로 마르크스주의를 공부했다. 1897년 '남 러시아 노동자 연맹'을 조직하여 활동하다가 이듬해 1월 체포되어 4년 반 동안 옥살이를 하고 시베리아로 귀양을 갔다.

1902년 탈주하여 영국으로 망명, 런던에서 레닌을 도왔으나 1903년 러시아 사회 민주 노동당 제2차 대회에서는 멘셰비키에 가담했다. 멘셰비키는 레닌이 이끄는 볼셰비키와 대립했던 러시아 사회 민주 노동당의 온건파를 일컫는 말이다. 1905년 러시아로 돌아와 상트페테르부르크의 소비에트 의장이 되었다.

1906년 체포되었으나 이듬해 탈주하여 국외에서 볼셰비키와 멘셰비키의 통합을 꾀했다. 그러나 뜻을 이루지 못하고, 1914년 미국으로 망명했다. 그 뒤 1917년 3월 혁명 후 귀국하여 볼셰비키당에 들어갔다. 그 해, 10월 혁명 성공으로 성립된 소련(소비에트 사회주의 공화국 연방)의 외무 인민 위원이 되었다.

1924년 레닌이 죽은 뒤 당 노선을 두고 스탈린과 대립하기 시작하여 1927년 제명되었고, 2년 뒤에는 국외로 추방되었다. 그 뒤 여러 나라를 옮겨 다니다 1940년 멕시코에서 암살당했다. 저서에 〈영구 혁명론〉, 〈러시아 혁명사〉 등이 있다.

티토 (Tito, Josip Broz : 1892~1980) 유고슬라비아의 초대 대통령

1953년에서 1980년까지 대통령을 지낸 유고슬라비아의 초대 대통령이다.

본명은 요시프 브로츠이며, 유럽 남동부의 크로아티아에서 태어났다. 농민의 아들이었으나 훗날 금속 노동자로 일했다.

1910년 사회 민주당에 들어가 금속 노동자들 사이에서 활동했다. 1915년 제1차 세계 대전 중 카르파티아 전선에서 러시아군에게 잡히게 되었다. 그들의 영향으로 공산주의자가 된 티토는 러시아 혁명 기간 동안 레닌의 군대에서 활약했다.

1920년 귀국하여 유고 공산당에 입당해 크로아티아에서 금속 노동자 조합 서기로 활동했다. 1927년에는 당 자그레브 시 위원회 서기가 되었다. 그러나 곧 체포되어 5년 동안 감옥 생활을 했다. 그 뒤 티토라는 이름을 쓰면서 공산주의자들을 위해 많은 비밀 공작을 했다.

제2차 세계 대전 중인 1941년에는 80만 명의 빨치산을 거느리고 독일과 이탈리아군에 맞서 싸웠다. 전쟁이 끝나고 조국이 해방된 1945년부터 티토는 수상과 국방상을 겸임했으며, 1953년에는 초대 대통령에 취임했다.

그는 소련이나 미국 어느 편과도 동맹을 맺지 않고 독자적 노선을 고집한 채로 유고슬라비아를 유럽에서 가장 자유로운 공산 국가로 이끌어 나갔다.

중학 사회 2
4. 현대 세계의 전개
① 제1차 세계 대전과 전후의 세계

러시아 랴잔에서 목사의 장남으로 태어났다. 아버지의 뒤를 잇기 위해 신학교에 들어갔으나 인체의 기능에 흥미를 느껴 신학을 포기했다. 1879년 상트페테르부르크 대학 의학 아카데미를 졸업하고, 육군 군의 학교의 내과 연구실에서 심장의 신경 지배를 주로 연구했다. 1884년부터 2년간 독일 라이프치히 대학과 브레슬라우 대학에서 공부하고 귀국한 후, 육군 군의 학교에서 소화의 생리학을 연구했다.

1890년 약리학 교수가 되었으며, 1891년 실험 의학 연구소의 생리학 주임이 되었다. 여기서 소화샘의 실험 생리학적 연구를 15년간 계속했다. 외과 수술에 뛰어나 가능한 정상 상태로 동물 실험을 할 수 있는 방법을 창안해 냈다. 소화에 관한 다양한 연구 방법을 고안해 내고, 소화액의 분비 메커니즘을 실험을 통해 밝혀 냈다. 특히 이자액과 위액은 신경의 기능으로 분비된다는 사실을 입증했고, 이 신경 지배의 연구로 1904년 노벨 생리·의학상을 수상했다.

▲ 파블로프 기념관

중학 수학
근삿값과 측정

중학 과학 3
4. 물의 순환과 날씨 변화
② 바람

프랑스 오베르뉴 지방의 클레르몽페랑에서 세무 법원 판사의 아들로 태어났다. 3세 때 어머니를 여의고 소년 시절에 아버지를 따라 파리로 갔다.

존경 받는 수학자이기도 했던 아버지의 가르침을 받으며 독학으로 유클리드 기하학을 연구했다. 12세에 유클리드 기하학의 '삼각형의 내각의 합은 직각을 2개 합한 것과 같다.'는 정리를 발견해 냈다.

16세에 〈원뿔곡선론〉을 발표했고, '파스칼의 정리'는 이 시론에 포함되어 있다. 아버지가 하는 세무 일의 능률을 높이기 위해 19세에 세계 최초로 계산기를 고안해 냈다. 같은 시기에 진공 상태에 흥미를 가져 〈진공에 관한 신실험〉을 발표했다.

1651년 아버지가 죽은 후 사교계에 뛰어들어, 노름에서 딴 돈을 공정하게 분배해 주는 문제에서 확률론을 창안하여 〈수삼각형론〉을 썼다. 파스칼은 이 논문으로 수학적 귀납법의 훌륭한 모범을 보였으며, 수의 순열·조합·확률과 이항식에 대한 수삼각형의 응용을 설명했다. 또 물리 실험의 결과를 〈유체의 평형〉, 〈대기의 무게〉라는 두 논문으로 정리했다. 초등 물리학에 나오는 '파스칼의 원리'는 〈유체의 평형〉 속에 포함되어 있다.

1654년에는 사교계에 혐오감을 느껴 포르루아얄 수도원에 들어갔다. 1658년 우연히 사이클로이드 문제를 해결하고 적분법을 창안해 냈다. 사망 후 그의 친척과 친구들이 그가 생전에 쓴 〈팡세〉를 정리하여 펴냈다.

중학 사회 2
1. 유럽 세계의 형성
③ 중세 유럽의 변화

에스파냐의 여러 왕국을 통일하여 단일 국가로 만든 왕으로, 페르난도 2세라고도 한다. 아라곤의 후안 2세의 아들이다. 왕위 계승 다툼이 한창이던 1461년에 후안 2세는 페르디난드 왕을 후계자로 지명했다. 그 뒤 아들을 카스티야 왕위에 앉히고 싶었던 후안 2세는 1468년 페르디난드 왕을 시칠리아의 왕으로 임명했다. 페르디난드 왕은 카탈루냐 전쟁 때 직접 전투에도 참가하기도 했다.

그 뒤 페르디난드 왕은 카스티야의 왕녀인 이사벨과 결혼한 뒤 아내의 즉위와 함께 공동 통치자가 되었다. 그리고 아라곤의 왕위를 계승한 다음 두 나라의 군대를 병합하여 그라나다를 공략했으며, 교황으로부터 '가톨릭 부부 왕'의 칭호를 받았다. 1504년 이사벨이 죽은 뒤, 왕녀 후아나가 카스티야 왕위를 계승했는데, 그녀의 남편인 펠리페 1세가 귀족들의 압력을 받아 페르디난드 왕의 섭정 취임을 거부했다.

2년 뒤 펠리페 1세가 죽자 페르디난드 왕은 카스티야의 실권을 장악했다. 그는 아라곤 왕으로서는 아라곤의 농노 해방을 추진했고, 이탈리아에서는 프랑스 왕과 전투를 벌였으며, 나폴리와 시칠리아의 왕도 지냈다.

그가 아들 없이 죽자 카스티야·아라곤 양쪽 왕위는 후아나의 아들 카를로스 1세(뒤에 카를 5세)에게 넘어갔다. 이로써 진정한 에스파냐의 통일이 이루어졌다.

중학 사회 2
1. 유럽 세계의 형성
① 고대 지중해 세계의 형성

기원전 5세기 말 아테네의 민주주의 발전에 공헌하고, 아테네를 그리스의 정치·문화적 중심지로 만들었다.

민주파의 지도자로 활약한 페리클레스는 기원전 462년 귀족 세력의 권리를 박탈하고 평의회·민중 재판소·민회가 실권을 쥐게 하는 법안을 민회에 제출했다. 그로 인해 귀족들의 권리가 제한되었다. 또 그는 아테네의 최고 지도자인 아르콘의 취임 자격을 시민 제3급으로 확대했다.

부모 모두 아테네 사람인 자에게만 아테네 시민권을 주는 시민권법을 만들기도 했다. 기원전 447년부터 아테네에는 파르테논 신전을 비롯한 대토목 공사가 추진되었다. 이 때 국내외의 많은 학자와 예술가들이 모여 들어 '페리클레스의 황금 시대'를 이루었다.

대외적으로는 페르시아, 스파르타 등 강국들과 평화 조약을 맺었다. 기원전 454년 페리클레스의 제안으로 델로스 동맹의 기금을 아테네로 옮겼는데, 이 때부터 동맹의 여러 도시가 대부분 아테네의 속국이 되었다. 기원전 443년 이후 페리클레스는 죽을 때까지 매년 스토라테고스(장군직)에 선출되어 '지상의 제우스'라 불렸다.

기원전 431년 펠로폰네소스 전쟁이 일어나자 해군을 주력으로 펠로폰네소스 반도를 위협하는 등 치열하게 싸웠다. 전쟁과 함께 아테네를 덮친 유행병으로 다음 해 병사했다.

중학 국어 2-1
1. 감상하며 읽기
① 문학 작품의 감상

미국 매사추세츠 주의 보스턴에서 태어났다. 어릴 때 배우였던 부모를 잃고 리치먼드의 상인 존 앨런의 양자가 되었다. 1826년 버지니아 대학에 들어갔으나 도박에 빠져 양아버지의 노여움을 사는 바람에 더 이상 대학을 다닐 수 없었다. 그 무렵부터 시를 쓰기 시작했다. 그 뒤 양아버지는 그를 웨스트포인트에 육군 사관학교에 입학시켰으나, 얼마 지나지 않아 1주일 동안 수업을 빠진 죄로 퇴학당하고 말았다.

포는 이미 두 권의 시집을 펴냈지만, 이 무렵 또다시 〈시집〉을 펴내고 단편 소설을 쓰기 시작했다. 1831년부터는 볼티모어에서 미망인인 숙모와 그녀의 딸 버지니아와 함께 살면서 잡지 등의 소설 현상 공모에 응모했다. 버지니아는 뒤에 그의 부인이 되었다. 1933년 볼티모어의 한 주간지에 〈병 속의 원고〉를 50달러에 팔았다.

그 뒤 〈리지아〉, 〈어셔 가의 몰락〉, 〈황금 풍뎅이〉, 〈검은 고양이〉 등의 단편 소설을 잇달아 발표했다. 1845년에는 〈단편집〉을 펴냈다. 포의 단편집을 읽은 프랑스의 시인 보들레르는 "여기에는 내가 쓰고 싶었던 작품이 다 있다."고 하면서 그의 단편을 번역하는 데 힘썼다.

그는 단편 소설의 규칙을 체계화하여 고전적인 통일성을 추구했으며, 〈모르그 가의 살인 사건〉의 탐정 듀팡과 같은 인물을 창조하여 뒷날 '셜록 홈스' 등 추리 소설 장르를 개척한 것으로 평가 받았다. 미국인으로는 처음으로 세계적인 명성을 얻은 작가이다.

중학 사회 2
2. 서양 근대 사회의 발전과 변화
① 서양 근대 사회의 시작

표트르 대제라고도 하며, 러시아 역사상 가장 뛰어난 통치자(재위 1682~1725)이다.

러시아 황제 알렉세이와 그의 후처 사이에서 태어났다. 정규 교육은 거의 받지 못했으나 어릴 적부터 매우 총명했으며, 이복 형제들과는 달리 건강하고 활동적인 성격이었다.

1682년, 아직 어린 표트르와 건강이 좋지 못한 그의 이복형 이반이 함께 왕위에 올랐다. 그러나 실질적인 나랏일은 이반의 누이 소피아가 맡았으며, 표트르는 1689년에야 실권을 잡았다. 1696년 표트르는 돈 강 하구에 있는 투르크 아조프 요새를 공격하여 함락시켰다. 이듬해에는 러시아 군주로는 최초로 서유럽의 여러 나라를 여행하며 견문을 넓혔다.

그러던 중 러시아에서 총병대의 반란이 일어나자 귀국했다. 반란을 진압한 그는 행정과 경제, 문화 등 모든 분야에서 서유럽을 본뜬 개혁을 강력히 시행했다. 1700년에는 스웨덴과 북방 전쟁이 벌어졌다. 21년이나 계속된 싸움 끝에 잉그리아, 에스토니아, 리보니아 등 많은 땅을 손에 넣었다.

위와 같은 공로로 1721년 표트르는 '황제' 라는 칭호를 받았다. 표트르 대제 시대의 개혁은 사실 즉흥적인 것이 많아 오래 가지는 못했지만, 그의 개혁으로 인해 러시아는 유럽 열강의 하나로 자리매김했다.

1725년 표트르는 과로로 병을 얻어 생을 마감했다.

미국 보스턴에서 17형제 중 열 번째로 태어났다. 집안을 도우려고 학교를 그만두고 12세 때 인쇄공인 형 밑에서 도제가 되었다. 일을 하는 틈틈이 글을 쓰고 철학 공부를 했다.

1922년 형이 발행하는 〈뉴잉글랜드 커런트〉지가 정부 비판으로 발행을 정지당하자 형 대신 익명으로 기사를 실어 인기를 끌었다. 이듬해 형과 의견이 맞지 않아 보스턴을 떠나 필라델피아로 갔다.

1729년 〈펜실베이니아 가제트〉지를 발간, 가장 인기 있는 신문으로 만들었다. 처음으로 〈제너럴 매거진〉이라는 잡지를 발행하고, 〈가난한 리처드의 연감〉이라는 격언집을 내서 큰 성공을 거두었다.

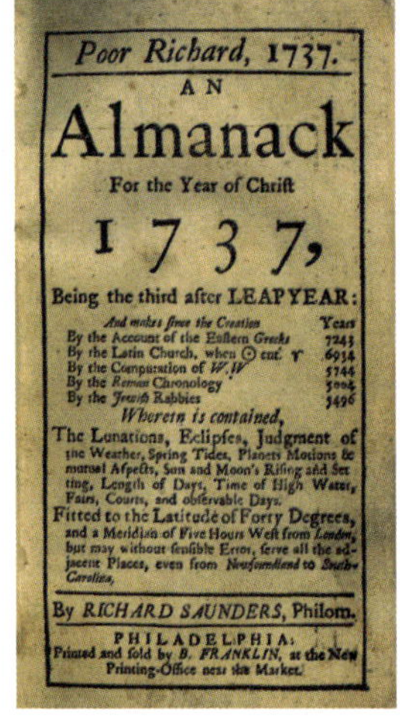

▲ 〈가난한 리처드의 연감〉

교육에도 관심을 가져 펜실베이니아 대학의 전신이었던 필라델피아 아카데미 창설, 도서관 설립, 미국 철학 협회 창립에도 참여했다.

자연 과학에도 관심을 가져 지진의 원인을 연구하고, 고성능 '프랭클린 난로'와 피뢰침을 발명하기도 했다.

사후에 출판된 〈자서전〉은 미국 산문 문학의 백미로 꼽힌다.

프로이트 (Freud, Sigmund : 1856~1939) 정신 분석학의 창시자

모라비아(지금의 체코) 프라이베르크에서 태어났다. 프로이트의 아버지는 모직물 상점을 운영했는데 형편이 어려워져 프로이트는 3세 때 빈으로 가게 되었다.

그는 10세 때 김나지움에 들어간 이래 줄곧 1등을 도맡다시피 했다. 빈 대학 의학부를 졸업한 후 얼마 동안 뇌를 연구했다. 1889년 낭시(프랑스)의 베르넴과 레보 밑에서 최면술을 보고 인간의 마음에는 본인이 의식하지 못하는 과정, 즉 무의식이 존재한다는 것을 굳게 믿게 되었다.

프로이트는 의사인 브로이어와 공동으로 히스테리 환자에게 최면술을 걸어 마음의 상처를 치유하는 방법을 개발해 냈다. 얼마 후 이 치유법에 결함이 있음을 깨닫고 최면술 대신 자유 연상법을 사용하여 히스테리를 치료하고, 1896년 이 치료법에 '정신 분석'이라는 이름을 붙였다. 1900년 이후 꿈과 같은 정상 심리에도 연구를 확대하여 심층 심리학을 확립했다.

1909년 클라크 대학 20주년 기념식에 초청 받아 강연을 해서 정신 분석을 미국에 알리기 시작했다. 1938년 오스트리아가 독일에 합병되자 나치스에 쫓겨 런던으로 망명했다가 이듬해 암으로 죽었다.

심리학 · 정신 의학뿐만 아니라 사회학 · 문화 인류학 · 교육학 · 범죄학 · 문예 비평에도 큰 영향을 끼쳤으며, 주요 저서에 〈꿈의 해석〉 · 〈정신 분석 입문〉 등이 있다.

중학 도덕 1
2. 가정 · 이웃 · 학교 생활 예절
④ 학교 생활 예절

중학 도덕 2
2. 바람직한 국가 · 민족 생활
② 국가의 중요성과 국가 발전

서양 철학사에 으뜸 가는 고대 그리스의 철학자로 소크라테스의 제자이며, 아리스토텔레스의 스승이다. 아테네의 귀족 가문에서 태어났다. 아버지는 아테네의 마지막 왕인 코드로스의 후손이다. 어린 시절 아버지가 죽고, 어머니는 페리클레스를 지지하는 그녀의 삼촌과 재혼했는데, 플라톤은 정치가였던 친척들을 통해 어린 시절부터 소크라테스를 알았다. 소크라테스는 플라톤의 일생에 가장 큰 영향을 끼친 인물이다. 청년 시절 플라톤은 정치적 야망을 품었다. 그러나 기원전 399년 소크라테스가 신을 모독하고 아테네의 청년들을 타락시켰다는 죄를 뒤집어쓰고 사형을 당하자 정치에 대한 뜻을 완전히 꺾고, 일생을 철학에 바치기로 결심했다.

기원전 387년경 플라톤은 아테네 서쪽 교외에 아카데메이아를 열었다. 아카데메이아는 영웅신 아카데모스에서 이름을 따온 것으로, 철학과 과학을 연구하고 교육하기 위한 일종의 학교였다. 이 학교에서는 철학을 비롯하여 수학, 천문학, 음악 등을 중요하게 여겼다. 또한 인재를 양성하는 데도 힘써 아리스토텔레스 등 유능한 철학자가 배출되었다. 플라톤은 아카데메이아에서 제자들과 대중을 상대로 강연을 하면서 연구와 교육에 힘쓰는 한편, 이상 정치를 실현하기 위해 두 번이나 시칠리아 섬을 방문, 시라쿠사의 참주 디오니시오스 2세를 교육하기도 했다. 그러나 뜻을 이루지는 못했다.

플라톤은 생전에 30여 편의 책을 썼는데, 1편을 제외한 거의 모든 책이 대화체로 쓰여 있어 '대화편' 이라 불린다. 이 대화편들에는 소크라테스가 주요 등장 인물로 나온다. 그 중 소크라테스의 재판 장면을 적은 〈소크라테스의 변명〉, 죽음에 직면한 철학자의 태도를 그린 〈파이돈〉, 소크라테스를 비롯한 그리스의 일류 문화인들이 한 곳에 모여 여러 가지 관점에서 사랑에 대해 이야기한 〈향연〉, 이상적인 국가는 철학자가 다스리는 국가라고 역설한 〈국가론〉 등이 대표적인 대화편이다.

플라톤은 소크라테스야말로 진정한 철학자라고 생각했다. 그리고 영원히 변하지 않는 것을 '이데아' 라 하고, 이것은 오직 영혼의 눈인 이성에 의해서만 알 수 있다고 했다. 또 철학을 통해 영혼이 지상의 사물 속에서 천상의 진실을 발견하고, 그것을 실현해 나가도록 해야 한다고 주장했다. 그는 서양 문화의 철학적 기초를 마련한 위대한 철학자로서, 논리학 · 인식론 · 형이상학 등에 걸친 매우 넓고 깊은 철학 체계를 전개했다. 그의 모든 사상은 무엇이든 이성을 따라야 한다는 이성주의적 입장을 지키고 있으며, 윤리적 동기가 바탕을 이루고 있다.

▼ 아테네의 아크로폴리스

에게 해 사모스 섬에서 태어나 철학과 수학을 익힌 후, 이탈리아 남부의 그리스 식민지 크로톤에서 활동했다.

피타고라스는 이 곳에서 일종의 신비주의적 종교 교단을 만들었다. 당시의 종교적 풍습에 따라 절제 및 심신 단련을 목표로 하고, 신·부모·친구·계율에 대해 절대 복종할 것을 가르쳤다. 그의 교단은 생의 윤회를 주장했으며, 삶의 행동이 죽은 후 대가를 치른다고도 했다. 동시에 인간과 동물과의 유사성을 강조하고 육식을 금했다.

이론적 방면의 연구에서는 음악과 수학을 중시했는데, 음악에서는 음정이 수에 비례하는 현상을 발견하고 음악을 수학의 한 분야로 여겼다.

피타고라스는 만물의 근원을 '수'로 보았다. 세상의 질서와 조화의 법칙은 수에 의해서 지배된다고 믿었으며, 수의 관계를 밝혀 내는 것이 우주의 질서와 법칙을 알아 내는 것이라고 생각하여 수학 연구에 힘을 기울였다. 그 결과 직각 삼각형의 직각을 낀 두 변의 제곱의 합은 그 빗변의 제곱과 같다는 '피타고라스의 정리'를 발견했다. 피타고라스가 수학에 기여한 공적은 유클리드를 거쳐 근대에까지 영향을 미치고 있다.

피타고라스는 지구가 구형임을 확신하고, 중심 불꽃 주위에 지구와 태양, 기타 행성이 원궤도로 회전한다는 일종의 지동설을 주장했으나 다른 학자들의 인정은 받지 못했다.

교과서 살펴보기

중학 수학
실수와 그 계산

중학 사회 2
1. 유럽 세계의 형성
① 고대 지중해 세계의 형성

▲ 남제주군에 있는 하멜 기념비

1651년 네덜란드 동인도 회사 소속 선박의 포수로 바타비아(지금의 자카르타)에 갔다가, 1653년(효종 4) 상선 스페르웨르 호로 타이완을 거쳐 일본 나가사키로 가던 도중 일행 36명과 표류하다 제주도에 상륙했다.

제주 목사 이원진의 심문을 받고 이듬해 한양으로 압송되어 그들보다 먼저 조선에 표류해 와 있던 박연(벨테브레)을 만났고, 이어 훈련도감에 속하게 되었다. 1657년에 강진의 전라병영, 1663년(현종 4) 여수의 전라좌수영에 배치되어 잡역에 종사하다가 1666년에 7명의 동료와 함께 탈출하여 일본을 거쳐 1668년 귀국했다.

그 해에 〈난선 제주도 난파기〉 및 부록 〈조선국기〉, 즉 〈하멜 표류기〉로 알려진 기행문을 발간했는데, 이는 하멜의 억류 생활 13년간의 기록으로 조선의 지리·풍속·정치·군사·교육·교역 등을 유럽에 소개한 최초의 문헌이다.

하멜은 1653년부터 1666년까지 온갖 고난을 겪으면서도 비교적 정확하게 조선의 형편을 기록했기 때문에 유럽 인들에게 조선이 어떤 나라인지 알리는 데 도움이 되었을 뿐만 아니라, 오늘날 우리가 당시 조선 사회의 풍속 등을 연구하는 데도 귀중한 자료로 쓰이고 있다.

교과서 살펴보기

중학 국사
5. 조선의 성립과 발전
③ 왜란과 호란의 극복

하이든 (Haydn, Franz Joseph : 1732~1809) 교향곡의 아버지

중학 음악 3
서양 음악의 역사

오스트리아 로라우에서 목수의 아들로 태어났다. 5세 때 초등학교 교장이자 교회 음악가인 친척의 집에서 교육을 받았다. 1740년 빈의 성 스테파노 대성당의 소년 합창대에 들어간 하이든은 오스트리아 여왕 마리아 테레지아의 총애를 받았으나 1749년 변성기가 되자 합창대에서 나왔다. 그 후 10년간 독학으로 작곡을 공부하는 한편, 귀족 집안의 실내 음악가로 일하거나 성당 등에서 바이올린을 연주하고 밤거리의 악단이 되기도 했다.

1759년 보헤미아의 모르친 백작 집안 궁정악장으로 일하면서 첫 교향곡을 작곡했고, 1761년 헝가리의 에스테르하지 후작 집안의 부악장과 악장으로 일하며 100여 곡의 교향곡과 70곡에 가까운 현악 4중주곡을 작곡해 고전파 기악곡의 전형을 만들었다. 1791년 영국으로 건너가 〈잘로몬 교향곡〉, 오라토리오 〈천지창조〉·〈사계〉 등을 작곡했다. '교향곡의 아버지'로 불리며, 모차르트·베토벤과 함께 빈 고전파 양식을 확립했다.

▲ 현악 4중주를 연습하고 있는 하이든

한니발 (Hannibal : 기원전 247~기원전 183) 카르타고의 영웅

중학 사회 2
1. 유럽 세계의 형성
① 고대 지중해 세계의 형성

시칠리아 섬에서 제1차 포에니 전쟁을 지휘한 카르타고(아프리카 북부)의 장군 하밀카르 바르카의 아들로 태어났다. 어려서부터 아버지 밑에서 무예를 익힌 한니발은 전쟁에 진 후 아버지를 따라 에스파냐로 갔다. 카르타고를 떠나기 전 한니발은 신전 앞에서 반드시 로마를 멸망시키고야 말겠다고 맹세했다.

기원전 221년 26세에 에스파냐 주둔군의 총지휘관이 되었으며, 기원전 219년 제2차 포에니 전쟁(한니발 전쟁)이 시작되자 피레네 산맥을 넘어 남프랑스를 평정하고 눈 덮인 알프스를 넘어 곳곳에서 로마군을 무찔렀으며, 기원전 217년 트라시메누스 호반에서는 지형을 이용한 전술로 로마군을 격파했다. 그러나 기원전 202년 자마 전투에서 스키피오에게 대패하여 제2차 포에니 전쟁도 카르타고의 패배로 끝났다.

그 후 카르타고의 집정관이 되어 로마에 보복할 기회를 노리다 시리아의 안티오코스 3세와 함께 로마군과 싸웠다. 그러나 기원전 190년 로마군에 패하자 소아시아의 비티니아로 피신했으며, 로마가 그의 신병 인도를 요구하자 자살했다.

▲ 카르타고의 말을 탄 전사상

중학 사회 2
1. 유럽 세계의 형성
① 고대 지중해 세계의 형성

고대 오리엔트 영주(英主)의 한 사람인 함무라비가 왕위에 올랐을 당시 바빌로니아는 이 신·라르사·바빌론 등 여러 왕국이 패권을 다투고 있었다. 함무라비는 왕위에 오른 지 7년 만에 주변국들을 평정하여, 엘람 고원에서 시리아에 이르는 통일 국가를 건설했다.

함무라비는 정복지에 총독을 두고 강력한 중앙 집권제를 실시했다. 안으로는 바빌론에 성벽을 구축하고, 각지에 신전을 건립하고, 운하를 만들어 무역을 활발히 하는 등 국력을 다졌다. 이로써 수도 바빌론은 오리엔트 세계의 중심으로서 번영하고, 바빌로니아는 안정되었다. 또 아카드 어를 국어로 채용하여 이 때부터 아카드 어는 오리엔트의 국제어가 되었다.

그 밖에 달력을 통일하고, 기존 법률을 집대성한 〈함무라비 법전〉을 반포했다. 이 법전은 세계에서 가장 오래 된 성문 법전이다.

이렇듯 정치적 통일뿐만 아니라 문화적으로도 바빌로니아 세계가 성립되어, 함무라비 시대는 후세에 바빌로니아의 황금 시대라고 일컬어졌다.

▲ 〈함무라비 법전〉이 새겨진 비

중학 과학 2
3. 지구와 별
② 태양계

독일 하노버에서 궁중 음악가의 아들로 태어난 허셜은 어릴 때부터 음악에 재능이 있어 악단에서 연주자로 일했다. 7년 전쟁에 종군했다가 탈주하여 영국으로 건너간 후 1766년 교회에서 오르간 연주자로 일하며, 천문 서적을 탐독해 천문학에 관한 실력을 쌓았다.

1774년 초점 거리 168센티미터의 반사 망원경을 제작했고, 1789년에는 초점 거리 1219센티미터(지름 122센티미터)의 허셜 망원경으로 천체 관측에 몰두하여 별에 관한 새로운 사실들을 알아 냄으로써 항성 천문학의 시조가 되었다.

1781년 초점 거리 213센티미터 망원경으로 혜성과 비슷한 천체를 발견했는데, 궤도 계산 결과 새로운 행성으로 판명되었고 천왕성이라고 명명됨으로써 당시 알고 있던 태양계의 범위를 두 배로 넓혔다. 1783년 천구상에서 항성의 분포 상태를 조사해 은하계의 구조에 대한 기초를 수립했다.

1786년, 1789년, 1802년 3회에 걸쳐 총 2500개의 성운·성단의 목록을 작성했으며, 1822년 왕립 천문학회 회장이 되었다.

▲ 허셜 망원경

중학 사회 2
2. 서양 근대 사회의 발전과 변화
② 시민 혁명과 시민 사회의 성립

뷔르템베르크 공국 재무관의 아들로 독일 슈투트가르트에서 태어났다. 뷔빙겐 대학 신학과를 졸업하고 7년간 가정 교사를 한 뒤 1801년 예나 대학에서 가르쳤다.

셸링 등의 영향을 받다가, 1807년에 〈정신 현상학〉을 출간해 독자적 입장을 굳혔다. 예나 대학이 문을 닫자 밤베르크로 가서 신문 편집 일을 했으며, 이어 뉘른베르크의 김나지움 교장이 되었고, 이곳에서 〈논리학〉(1812~1816)을 저술했다.

1818년 프로이센 정부의 초청으로 베를린 대학 교수가 되었고 곧 〈법철학 강요〉(1821)를 내놓았다. 이 시절 헤겔 학파가 형성되었다.

논리학·자연 철학·정신 철학 등 장대한 철학 체계를 수립한 헤겔은 모든 사물의 전개는 정·반·합 3단계의 변증법으로 이루어진다고 주장했다.

헤겔은 18세기의 합리주의적 계몽 사상의 한계를 통찰하고 '역사'의 의미에 눈을 돌려 19세기 역사주의적 경향의 첫걸음을 내디딘 것으로 평가된다.

▲ 헤겔의 묘지

중학 사회 2
1. 유럽 세계의 형성
① 고대 지중해 세계의 형성

페르시아의 지배를 받고 있던 소아시아의 할리카르나소스에서 귀족의 아들로 태어났다. 가까운 친척인 서사시인 파니아시스가 참주 리그다미스 2세에게 피살되자 헤로도토스와 그의 가족들은 사모스 섬으로 망명했다. 기원전 445년경 아테네로 돌아왔다. 당시 아테네는 문화적 전성기를 이루고 있었는데, 그는 페리클레스·소포클레스 등과 친교를 맺었다.

그 뒤 아테네가 기원전 444년경에 건설한 이탈리아 남부의 식민지 투리로 가서 그 곳 시민이 되었으며, 거기에서 여생을 마친 것으로 여겨진다.

헤로도토스의 저서 〈역사〉(9권)를 통해 그가 대여행을 했다는 것은 알 수 있지만, 정확한 시기는 알 수 없다. 그의 여행 범위는 북으로는 스키타이, 동으로는 바빌론, 남으로는 이집트의 엘레판티네, 서로는 이탈리아, 그리고 아프리카의 키레네까지였다.

〈역사〉는 동서 분쟁이라는 관점에서 페르시아 전쟁의 역사를 쓴 것이다. 그는 신에게 경건해야 하며, 그렇지 않으면 신은 인간의 오만에 대해 보복할 것이라고 믿었다. 페르시아의 패배도 크세르크세스 1세의 오만이 원인이라고 생각했다. 또한 〈역사〉는 설화적인 역사로 일컬어지며 일화와 삽화가 많은데, 서사시와 비극의 영향을 받아 질서정연한 구성을 이루고 있다. 헤로도토스는 과거의 사실을 시가가 아닌 실증적 학문의 대상으로 삼은 최초의 그리스인으로, 〈역사〉는 그리스 산문 사상 최초의 걸작으로 평가된다.

중학 도덕 3
2. 가정·이웃·학교 생활과 도덕
   문제
① 진로·진학과 도덕 문제

미국 시카고 교외의 오크파크에서 태어났다. 아버지는 수렵 등 야외 스포츠를 좋아하는 의사였고, 어머니는 음악을 사랑하고 신앙심이 깊었다. 이러한 부모의 성향은 헤밍웨이의 인생과 문학에 영향을 주었다.

고교 시절에는 풋볼 선수로 활동하는 한편으로 시와 단편 소설을 썼고, 고교 졸업 후에는 대학에 진학하지 않고 캔자스시티의 〈스타〉지 기자가 되었다.

제1차 세계 대전이 일어나자 적십자 야전 병원 수송차 운전병으로 지원해 이탈리아 전선에 종군 중 다리에 중상을 입고 밀라노 육군 병원에 입원했다가 휴전이 되어 1919년 귀국했다.

전후 캐나다 〈토론토 스타〉지의 특파원이 되어 다시 유럽에 건너가 각지를 돌아다니고, 그리스-터키 전쟁을 보도하기도 했다. 이 무렵 파리에서 유명한 문인들과 사귀며 새로운 창작 기법을 배웠다.

1923년 〈3편의 단편과 10편의 시〉를 처음 내놓으며 몇몇 사람들에게 인정 받기 시작했다. 청소년기의 체험을 바탕으로 한 단편집 〈우리 시대에〉에 이어, 〈해는 또다시 떠오른다〉(1926)로 명성을 얻었다.

헤밍웨이는 전쟁에 참여했던 경험을 바탕으로 유럽의 대도시 파리와 에스파냐를 무대로 찰나적, 향락적인 풍속을 사실적으로 묘사하여 전후 세대의 대표 작가로 주목을 받았다.

1929년 전쟁의 허무함과 고전적인 비극을 테마로 한 〈무기여 잘 있거라〉를 완성, 전쟁 문학의 걸작으로 커다란 반향을 불러일으켰다.

그 후 에스파냐의 투우를 다룬 〈오후의 죽음〉(1932), 아프리카의 맹수 사냥에 문학론과 인생론을 교차시킨 〈아프리카의 푸른 언덕〉(1935) 등의 작품을 발표했다.

1936년 에스파냐 내란이 발발하자 공화정부군에 가담하여 활약했고, 그 때의 경험을 바탕으로 희곡 〈제5열〉(1938)을 완성했다.

1940년에는 에스파냐 내란을 배경으로 한 그의 최대의 장편 〈누구를 위하여 종은 울리나〉를 펴내 세계적으로 주목을 끌었다.

제2차 세계 대전 후 발표한 〈노인과 바다〉로 1953년 퓰리처 상을, 이듬해에 노벨 문학상을 받았다.

▲ 에스파냐 어로 출간된 〈누구를 위하여 종은 울리나〉

▼ 영화화된 〈누구를 위하여 종은 울리나〉의 한 장면. 게리 쿠퍼, 잉그리드 베리만 주연

독일 뷔르템베르크의 칼프에서 태어났다. 아버지는 신교 목사이고, 외할아버지는 저명한 신학자로 인도에서 포교 활동을 했다. 이들의 높은 인격과 수천 권의 책은 헤세에게 큰 영향을 주었다.

헤세는 1890년 라틴 어 학교에 입학하고, 이듬해에 마울브론의 신학교에 들어갔다.

자유로운 시인의 기질을 지녔던 헤세는, 신학교의 속박된 기숙사 생활을 견디지 못하고 탈주해 한때 자살을 시도하기까지 했다. 얼마 후 다시 학교에 들어갔으나 1년도 지나지 않아 그만두고 서점의 견습 점원이 되었다. 그 후 한동안 아버지의 일을 돕다가 병든 어머니를 안심시키기 위해 칼프의 시계 공장에서 3년간 일했다.

1895년 튀빙겐의 서점에서 견습 점원으로 일하던 헤세는 낭만주의 문학에 심취, 처녀 시집 〈낭만적인 노래〉(1899)와 산문집 〈자정 이후의 한 시간〉(1899)을 출간하여 릴케에게 인정을 받았다. 이후 발표한 첫 장편 소설 〈페터 카멘친트〉(1904)는 헤세에게 확고한 문학적 지위를 얻게 해 주었다.

제1차 세계 대전 중에는 중립국 스위스에 살면서 군국주의와 민족주의를 배격하고 독일의 전쟁 포로들을 위한 잡지를 편집하기도 했다. 1923년 스위스 영주권을 얻어 그 곳에 정착했다.

주요 작품으로 두 번째 장편 소설 〈수레바퀴 밑에서〉(1906), 3개의 서정적인 단편 소설로 이루어진 〈크눌프〉(1915), 에밀 싱클레어의 청춘 시절의 고뇌를 그린 〈데미안〉(1919), 주인공이 불교적인 절대 경지에 도달하기까지의 과정을 그린 〈싯다르타〉(1922), 지성의 세계에 사는 나르치스와, 애욕에 눈이 어두워진 골트문트와의 우정을 그린 〈지와 사랑〉(1930) 등이 있다. 20세기의 문명 비판서라 할 수 있는 미래 소설 〈유리알 유희〉(1943)로 1946년 노벨 문학상을 받았다.

▼ 책과 그림이 전시되어 있는
　헤르만 헤세 박물관
▶ 헤르만 헤세가 그린 수채화

음악 5
8. 숲 속을 걸어요
할렐루야 −메시아 중−

독일 할레에서 외과 의사의 아들로 태어났다. 어려서부터 음악에 재능을 보였지만, 아버지는 헨델이 법률가가 되기를 희망했다. 그래서 헨델은 아버지 몰래 한밤중에 다락방에 올라가 하프시코드를 연주하곤 했다. 한때 할레 대학에서 법률을 공부했으나 18세에 함부르크의 오페라 극장에 일자리를 얻어 이 때부터 음악가가 되기로 결심했다.

1705년 첫 오페라 〈알미라〉를 작곡하여 성공을 거두고 이듬해 오페라의 고향인 이탈리아로 가 피렌체와 베네치아에서 오페라 작곡가로 이름을 얻었다. 1712년 이후에는 이탈리아 오페라 작곡가로 활약했다.

1719년에는 주로 이탈리아 오페라의 상연을 위해 '왕립 음악 아카데미'를 설립하여 그 지배인이 되었다. 그 후 약 10년간은 그가 가장 활발하게 활동한 시기로 오늘날까지도 상연되는 이탈리아 오페라 〈라다미스토〉, 〈줄리어스 시저〉 등을 작곡했다. 1732년경부터 오라토리오를 작곡하기 시작하여 1742년에는 오라토리오 〈메시아〉를 무대에 올렸다.

▲ 〈왕궁의 불꽃놀이〉 작곡의 배경이 된 1749년 런던 템스 강의 불꽃놀이를 묘사한 그림

중학 사회 2
1. 유럽 세계의 형성
① 고대 지중해 세계의 형성

호메로스는 세계에서 가장 오래 된, 그리고 가장 훌륭한 서사시 〈일리아스〉와 〈오디세이아〉의 저자로 전해진다. 그의 출생지나 활동에 대해서는 그 연대가 일치하지 않으나 작품에 구사된 언어나 작품 중의 여러 가지 사실로 미루어 보아 앞의 두 작품이 기원전 800~기원전 750년에 지어졌을 것으로 추측된다.

〈일리아스〉는 트로이 전쟁 마지막 해의 단 4일간에 걸친 이야기로, 그리스의 영웅 아킬레우스가 트로이의 맹장 헥토르와 결투를 벌여, 그를 죽이고 친구의 원수를 갚는 내용이다. 〈오디세이아〉는 트로이가 멸망한 뒤 커다란 목마로 계략을 꾸며 트로이를 멸망시킨 그리스의 장수 오디세우스가 귀국하다가 풍랑을 만나 표류한 뒤 온갖 모험을 겪다 20년 만에 자기의 성으로 돌아가, 아내를 괴롭힌 장수들을 차례로 무찌른다는 내용이다.

두 서사시는 고대 그리스의 국민적 서사시로, 그 후의 문학 · 교육 · 사상 등에 큰 영향을 끼쳤으며, 서사시의 전형으로 자리 잡았다.

▲ 트로이 전쟁을 묘사한 도자기 그림

교과서 살펴보기

중학 사회 2
4. 현대 세계의 전개
② 제2차 세계 대전과 전후의 세계

　　이란 테헤란의 남서쪽 호메인에서 시아파 종교 지도자인 '물라' 의 아들로 태어났다. 아버지는 그가 1세 때 죽었다.

　　호메이니는 이라크의 마드라사로 가서 공부한 뒤 1922년경 이란 북서부, 테헤란 남쪽에 있는 도시 쿰에 정착했다. 그 뒤 고향인 호메인의 이름을 자신의 성으로 사용했으며, 1941년에는 〈비밀의 폭로〉를 저술하여 왕정을 부정하고, 왕이 추진하는 이란의 서구화·세속화 정책에 반대했다. 이후 수많은 추종 세력을 얻어 1950년대에는 위대한 종교 지도자인 '아야톨라' 의 칭호를 받았다.

　　1960년대 초에는 '대아야톨라' 로 추앙되어 이란 시아파의 최고 지도자가 되었다. 1962년 팔레비 왕의 정책에 반대하다가 체포되어 1964년 추방되었다. 그 뒤 파리 근교에서 이란 혁명을 지휘했다. 1979년 2월 테헤란으로 돌아와 임시 혁명 정부를 조직했으며, 12월 신헌법을 공포하여 이란 이슬람 공화국을 성립시켰다. 권력을 장악한 뒤 팔레비 정권을 위해 일했던 수백 명을 처형하고, 서양 음악과 음주를 금지했다. 여성들은 차도르로 얼굴을 가려야 했다.

　　외교적으로는 친서방 정책을 포기했다. 그리고 1979년 테헤란 주재 미국 대사관을 점령, 미국 외교관들을 1년 이상 인질로 붙잡았으며, 1980년부터 1988년까지 이란-이라크 전쟁을 수행했다. 1989년 사망할 때까지 이란의 최고 지도자로 군림했다.

교과서 살펴보기

중학 사회 2
4. 현대 세계의 전개
② 제2차 세계 대전과 전후의 세계

　　베트남 중부의 게친 주에서 농민 출신 학자의 아들로 태어났다. 가난한 어린 시절을 보냈지만 청소년기에 문법 학교에 다녔고, 1911년 프랑스로 건너가 식민지 해방 운동을 시작했다. 제1차 세계 대전 뒤에는 베르사유 평화 회의에 가서 강대국들에게 프랑스 식민 정권이 식민지 국민에게도 통치자들과 동등한 권리를 줄 것 등을 요구하는 8개 조항의 탄원서를 제출했다.

　　이 일로 그는 베트남 사람들에게 널리 알려졌다. 그 뒤 프랑스에서 공산당 활동을 하다가 1930년 인도차이나 공산당을 창당하고, 베트남의 독립 운동을 이끌었다. 1945년 8월 태평양 전쟁 종전과 함께 총봉기를 지휘, 베트남 민주 공화국의 독립을 선언하고, 정부 주석으로 취임했다. 그러나 프랑스가 베트남의 독립을 반대하자 호치민은 프랑스에 대항해 게릴라전을 벌여, 제1차 인도차이나 전쟁이 시작되었다. 이 전쟁에서 호치민은 1954년 5월 디엔비엔푸 전투를 승리로 이끌어 베트남의 독립을 지켰다.

　　1969년 사망한 호치민의 머리맡에는 다산 정약용의 〈목민심서〉가 놓여 있었다. 〈목민심서〉는 올바른 관리의 생활에 대해 적은 책인데, 그는 생전에 이 책을 아주 좋아해, 죽으면 자기 머리맡에 놓아 달라는 유언을 남겼다고 한다. 그는 제2차 세계 대전 뒤 아시아의 반식민지 운동을 이끈 인물로 가장 영향력 있는 20세기 공산주의 지도자 중 한 사람이다.

영국의 물리학자이자 천문학자, 수학자이다. 영국 와이트 섬 프레시워터에서 목사의 아들로 태어났다. 어릴 때는 몸이 너무 약해 학교 교육을 제대로 받지 못했으나 나중에 옥스퍼드 대학을 졸업했다.

처음에 훅은 화학자 로버트 보일 밑에서 공기 펌프 제작하는 일을 했다. 1660년에는 금속이나 목재 같은 고체의 늘어남은 작용한 힘에 비례한다는 탄성 법칙, 즉 '훅의 법칙'을 발견했다.

또 그레고리 반사 망원경을 만들어 1664년 오리온 별자리의 별무리인 사격형성단의 다섯 번째 별을 발견했고, 목성이 자전한다는 것을 처음으로 제안했다.

1665년에는 그레샴 칼리지의 기하학 교수로 임명되었다. 그 해 펴낸 〈작은 도면들〉에서 코르크의 미세한 벌집 모양의 구멍을 가리켜 처음으로 '세포'라 명명했다.

또한 미세 화석을 연구하여 진화론을 최초로 지지했으며, 회절 현상(광선이 모서리에서 휘는 것)을 발견하고, 이를 설명하기 위해 빛의 파동 이론을 제안했다.

그는 1678년 행성 운동을 기술하는 데 역제곱 법칙을 주장했는데 이 법칙은 후에 아이작 뉴턴에 의해 수정되었다.

교과서 살펴보기

중학 과학 1
6. 생물의 구성
① 현미경

중학 과학 3
4. 물의 순환과 날씨 변화
① 대기 중의 물

오스트리아 세관원의 아들로 태어나 13세에 아버지를, 18세에 어머니를 잃었다. 히틀러는 초등학교를 졸업하고 레알슐레(실업계 중등학교)에 입학했으나 성적이 좋지 않아 졸업장을 받지 못했다. 방황하다 화가의 꿈을 이루기 위해 빈으로 갔지만 엽서나 광고의 그림을 그려 팔아 생계를 유지해야 했다.

1914년 제1차 세계 대전이 발발하자 독일군에 지원 입대하고 무공을 세워 1급 철십자상을 받았다. 1919년 독일 노동당(나치스)에 입당하여 타고난 대중 연설 실력으로 당의 세력을 확장하는 데 큰 공을 세웠다. 마침내 1933년 독일 연방의 총리가 되어 일당 독재 체제를 확립했으며, 1934년 힌덴부르크 대통령이 죽자 총통이 되었다. 경제 재건과 번영을 이루고, 군비를 확장하여 독일을 유럽에서 최강국으로 발전시켜 국민의 열광적인 지지를 받았다.

독일 민족에 의한 유럽 제패를 실현하기 위해 제2차 세계 대전을 일으켰다. 그러나 연합군의 공격에 밀려 1945년 베를린 함락 직전에 자살했다. 지은 책으로 〈나의 투쟁〉이 있다.

교과서 살펴보기

중학 사회 2
4. 현대 세계의 전개
② 제2차 세계 대전과 전후의 세계

▲ 나치스의 당대회

에게 해의 코스 섬에서 태어났다. 의사인 아버지에게서 의학의 기초를 배웠다. 소아시아와 그리스 각지를 돌아다니며 견문을 넓혔고, 많은 철학자·의학자와 교류했다. 고향으로 돌아가서 환자를 진료하는 한편 책을 써서 발표했다.

히포크라테스의 학설을 모은 〈히포크라테스 전집〉은 그의 사상만을 담은 것이 아니라 그의 가르침을 받은 사람들의 의견도 들어 있다. 이 전집이 다루는 주제는 해부학, 임상, 질병의 예후, 수술, 의학 윤리 등이다.

히포크라테스는 인체는 불·물·공기·흙이라는 4원소로 되어 있고, 인간의 생활은 그에 상응하는 혈액·점액·황담즙·흑담즙의 네 가지 체액에 의해 이루어지며, 이들 네 가지 체액의 조화가 깨졌을 경우에 병이 생긴다고 했다.

히포크라테스는 병이 났을 때 나타나는 여러 현상, 그 중에서도 발열을 반응 현상이라 생각하여 그것은 병이 치유로 향하는 하나의 과정이라고 보았다. 병적 상태에서 회복해 가는 것을 '피지스'라고 불렀고, '병을 낫게 하는 것은 자연이다.'라는 설을 세워, 병을 치료하기 위해서는 이 피지스를 돕거나 또는 적어도 이것을 방해하지 않는 것이 치료의 원칙이라고 주장했다. 그래서 적절한 음식을 섭취하고, 환자가 청결과 휴식을 취하는 것이 무엇보다 중요하다고 생각했다.

증후학·예후학에 대한 연구도 깊었던 히포크라테스가 특히 빈사 환자의 얼굴 표정에 대해 한 말은 오늘날에도 그대로 통용될 정도이다. 처음으로 의학을 과학적으로 연구하고, 최초로 의학교를 만든 의학의 아버지이다.

중학 사회 2
1. 유럽 세계의 형성
① 고대 지중해 세계의 형성

내가 사용하는 치료법은 환자의 유익을 위해서만 사용할 것이며, 그들을 상하게 하거나 해치는 데는 결코 쓰지 않겠습니다.

환자를 치료할 때나 환자의 치료와 관계 없는 일이라 할지라도 사생활에 관한 한 무슨 일을 보든 듣든 신성한 비밀인 것처럼 침묵을 지키겠습니다.

– 〈히포크라테스 선서〉 중에서

▶ 환자를 치료하는 고대 그리스 의사

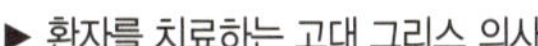

〈교과서 큰 인물 이야기〉 교과 수록 및 연계표

테마	권	작품	교과 수록 및 연계
의지와 기상	01	광개토대왕	초등학교 읽기 5-1 8.함께하는 세상 166쪽, 사회과 탐구 5-1 1.하나 된 겨레 20쪽, 중학교 역사(상) II.삼국의 성립과 발전, 대교 42쪽
	02	을지문덕	초등학교 사회과 탐구 5-1 1.하나 된 겨레 28쪽, 중학교 역사(상) III.통일 신라와 발해, 두산동아 71쪽
	03	계백	중학교 역사(상) III.통일 신라와 발해, 대교 78쪽
	04	김유신	초등학교 사회과 탐구 5-1 1.하나 된 겨레 30쪽, 중학교 역사(상) III.통일 신라와 발해, 두산동아 74쪽
	05	강감찬	초등학교 듣기·말하기·쓰기 4-2 2.하나씩 배우며 34쪽, 중학교 역사(상) IV.고려의 성립과 발전, 두산동아 104쪽
	06	이순신	초등학교 듣기·말하기·쓰기 4-2 5.정보를 모아 94쪽, 사회과 탐구 5-1 3.유교 전통이 자리 잡은 조선 102쪽
	07	알렉산더	중학교 역사(상) VII.통일 제국의 형성과 세계 종교의 등장, 대교 235쪽
	08	나폴레옹	초등학교 생활의 길잡이 3-2 1.소중한 나 17쪽
	09	칭기즈 칸	중학교 역사(상) IX.교류의 확대와 전통 사회의 발전, 대교 288쪽
지혜와 용기	10	장보고	초등학교 읽기 4-2 5.정보를 모아 98쪽, 사회과 탐구 5-1 1.하나 된 겨레 34쪽, 중학교 역사(상) III.통일 신라와 발해, 대교 96쪽
	11	왕건	초등학교 사회과 탐구 5-1 2.다양한 문화를 꽃피운 고려 44쪽, 중학교 역사(상) IV.고려의 성립과 발전, 두산동아 98쪽
	12	최영	초등학교 생활의 길잡이 4-1 1.바른 마음 곧은 마음 24쪽, 사회과 탐구 5-1 3.유교 전통이 자리 잡은 조선 76쪽, 중학교 역사(상) V.고려 사회의 변천, 대교 167쪽
	13	정약용	초등학교 생활의 길잡이 3-2 1.소중한 나 17쪽, 도덕 5 1.최선을 다하는 삶 19쪽, 사회과 탐구 5-2 1.조선 사회의 새로운 움직임 28쪽
	14	세종대왕	초등학교 사회과 탐구 5-1 3.유교 전통이 자리 잡은 조선 83쪽, 읽기 6-2 5.언어의 세계 125쪽
	15	황희	초등학교 생활의 길잡이 4-2 3.따스한 손길 행복한 세상 57쪽
	16	성삼문	중학교 역사(상) VI.조선의 성립과 발전, 미래엔컬처그룹 178쪽
	17	이항복	초등학교 읽기 4-1 6.의견을 나누어요 115쪽
	18	신채호	초등학교 사회과 탐구 5-2 2.새로운 문물의 수용과 자주독립 67쪽, 중학교 역사(상) III.통일 신라와 발해, 대교 80쪽
자유와 인권	19	링컨	초등학교 도덕 4-1 1.바른 마음 곧은 마음 13쪽, 생활의 길잡이 4-1 1.바른 마음 곧은 마음 24쪽, 읽기 4-2 3.서로 다른 의견 49쪽
	20	간디	초등학교 생활의 길잡이 3-1 5.나라를 사랑하는 마음 98쪽, 도덕 6 4.서로 배려하고 봉사하며 79쪽, 중학교 국어 1-2 4.체험과 깨달음, 디딤돌 125쪽
	21	전봉준	초등학교 사회과 탐구 5-2 2.새로운 문물의 수용과 자주독립 43쪽
	22	안중근	초등학교 읽기 5-2 2.사건의 기록 46쪽, 사회과 탐구 5-2 2.새로운 문물의 수용과 자주독립 37쪽
	23	마틴 루터 킹	초등학교 사회 6-2 1.우리나라의 민주 정치 41쪽, 듣기·말하기·쓰기 6-2 6.생각과 논리 122쪽, 중학교 도덕 1 III.나의 삶과 국가, 두산동아 195쪽
	24	만델라	초등학교 생활의 길잡이 3-1 5.나라를 사랑하는 마음 98쪽, 고등학교 사회 VIII.정치 과정과 참여 민주주의, 법문사 240쪽
	25	김구	초등학교 사회과 탐구 5-2 2.새로운 문물의 수용과 자주독립 37쪽, 듣기·말하기·쓰기 6-1 6.타당한 근거 112쪽
	26	유관순	초등학교 도덕 3-1 5.나라를 사랑하는 마음 99쪽, 읽기 5-1 8.함께하는 세상 170쪽, 사회과 탐구 5-2 2.새로운 문물의 수용과 자주독립 37쪽
	27	안창호	초등학교 도덕 3-1 5.나라를 사랑하는 마음 99쪽, 사회과 탐구 5-2 2.새로운 문물의 수용과 자주독립 37쪽, 읽기 6-2 3.문제와 해결 78쪽
예술과 창조	28	신사임당	초등학교 생활의 길잡이 4-1 2.내 일은 내가 하기 40쪽, 중학교 역사(상) VI.조선의 성립과 발전, 대교 197쪽
	29	김홍도	초등학교 읽기 4-2 2.하나씩 배우며 32쪽, 중학교 역사(상) VI.조선의 성립과 발전, 대교 199쪽
	30	이중섭	초등학교 듣기·말하기·쓰기 6-2 1.문학과 삶 14쪽
	31	레오나르도 다 빈치	중학교 역사(상) VIII.다양한 문화권의 형성, 대교 279쪽
	32	모차르트	초등학교 음악 6 1.나가자! 달리자!, 금성출판사 13쪽, 중학교 음악 1 5.자연을 노래하는 우리, 금성출판사 74쪽
	33	베토벤	초등학교 생활의 길잡이 4-1 2.내 일은 내가 하기 47쪽, 중학교 도덕 2 IV.문화와 도덕, 미래엔컬처그룹 265쪽
	34	슈베르트	중학교 음악 1 6.서정을 노래하는 우리, 금성출판사 88쪽
	35	안데르센	초등학교 듣기·말하기·쓰기 6-1 국어 교실 함께 가꾸기 146쪽
	36	셰익스피어	고등학교 문학(상) II.문학의 수용, 미래엔컬처그룹 92쪽, 문학(하) X.한국 문학과 문화, 교학사 307쪽
	37	톨스토이	초등학교 읽기 4-2 4.이럴 때는 이렇게 74쪽, 읽기 5-2 6.깊은 생각 바른 판단 158쪽, 중학교 도덕 3 I.삶의 목적, 중앙교육진흥연구소 42쪽
	38	스필버그	고등학교 문학(상) V.극문학의 수용과 창작, 태성 310쪽